지랄발랄 하은맘의
닥치고
군대육아

지랄발랄 하은맘의

산전수전
다 겪은 언니의
육아 멘토링

닥치고
군대육아

RHK
알에이치코리아

● Attention ●

29금!★ 임산부, 노약자 접근 금지!
사투리와 비속어, 거친 표현 가득합니다.
예의, 법도, 원칙, 도덕 따지실 분들도 접근 금지!
알고 깨닫고 행동할 분들만 함께 갑니다.
★아주 중요한 내용이니 스물아홉 번 정독할 것.

군대 육아란?

끝을 알 수 없는 기나긴 육아 기간을 3년으로 단축해 짧고 빡세게 몰입해 최정예 요원을 길러내는 신개념 육아 방식. 희생 육아가 아니며 엄마와 아이 모두 최고의 공작원으로 탈바꿈하여 멋지게 성장하게 되는 극히 이기적인 육아법. '책육아', '배려육아'라는 행동 강령 아래 단순무식한 일상의 반복으로 보이나, 실상은 치밀하게 계산된 비밀 훈련. 미친듯한 군대 육아 3년 복무를 마치고 사회에 나갔을 시 아이도 엄마도 엄청난 파괴력과 영향력을 지닌 괴물로 거듭난다. 무엇보다 끝(제대)이 있다는 게 엄청난 희소식!

군대 육아 계급 체계

1. **입대 전**: 결혼 후 아이 낳기 전 + 임산부 기간
2. **훈련병**: 출산 후 까꿍이 키우는 시기. 24시간 전시 상황 폭탄(똥) 수시 투하. 이틀 간격으로 화생방 훈련
3. **이등병**: 자신의 팔자와 운명을 인식함. 책육아가 꽃을 피우는 절정기

4. **말년 병장**: 책육아는 발로 되나 자신의 외로움을 견디지 못해 탈선을 일삼는 위기의 시기
5. **민방위**: 군대 육아를 멋지게 제대하고 자신의 꿈을 본격적으로 찾아가는 시기
6. **방위**: 밤책육아의 지옥 체험을 알고도 자처한 직장맘
7. **군대 짬밥**: 24시간 전시 상황을 버티게 해주는 초간단 생존 요리

모르면 다친다! 필수 군대 육아 용어

남편노무스키: 번식하게 한 남편을 상스럽게 이르는 말
머절맘: 남눈치, 남비교, 가격 검색으로 지쳐 아이의 눈빛을 읽지 못하고 보석같은 싹을 다 잘라버리는 엄마
옆집좀비: 남의 자식 교육에 자꾸 참견하는 오지라퍼맘
영국편지: 엄마가 제 분에 못 이겨 아이를 혼낸 후 자책하며 쓰는 사과 편지. 연도, 날짜는 다르지만 내용은 모두 동일함
까꿍이: 신생아~4세까지의 아이를 표현하는 단어. 그리움의 아이콘
뻘짓: 의미 없어 뵈는 아이의 멍때리는 놀이. 최고의 훈련 과정
책육아: 다른 사교육 전혀 없이 책과 엄마의 사랑으로만 아이를 키우는 육아법. 동네에서 미친놈으로 불리워짐
놀터랜드: 애벌랜드, 롯데월드, 한양랜드 뺑까는 동네 놀이터
가위요리: 칼 세트, 도마 세트, 비싼 재료는 개나 줘. 가위만 있으면 되는 하은맘표 은하계 최고 간단 요리

※ 이 책에 나오는 군대 육아 관련 용어의 저작권은 하은맘에게 있습니다.

개정판 프롤로그

무려~ 다시 쓴 '작가'의 말

늬들: 닥군 개정판 내주세요. 언니~ 걸레가 다 됐어요.

나: 닥쳐.

늬들: 아앙아앙~ 그럼 언니 가둬놓고 미저리처럼 글만 쓰게
할 거예요.

나: 염병들 하네. 귀찮아. 집 가서 애나 봐.

또 그렇게 시작됐다.
희대의 역작 《닥치고 군대 육아》가
세상에 나온 지 만 10년이 지났다. 헐~
그 당시 13살 초등 6학년이었던 하은이는

21살 대학생 언니가 되었고,
난 50대 초반의 중년 여성이 되어버렸다.
세월 더럽게 빠르네…
내가 애 키우면서 제일 싫어했던 말.
피하지 못할 거면 즐기라는 말. 으으으…
즐기기는 개뿔, 턱도 안 즐겨지는 걸 어떡해.
이래도 안 되고 저래도 안 될 땐 정말 애 끌어안고
뛰어내리고 싶을 때가 한두 번이 아닌걸…
게다가 제대로 가르쳐주는 사람도 없어.
근데 결과물까지 좋아야 하는 게
이 나라 엄마들이 당면해 있는 지옥 같은 현실이거든.
아주 미쳐 돌아버리는 거지. 바로 그때~!
우주 탈출 해괴망측 현실감 제로의 퐈이팅 미친년이 나타나
'불량육아!'를 외치며 지랄발랄스럽게
"다 필요없쒀~ 다 끊고 애 끼고 책만 읽어줘~!"를 부르짖질 않나,
육아계의 금기어인 "나도 애 때렸다" 스멜을 풀풀 풍기며
애 쳐 잡았으면 반드시 무릎 꿇고 사과하라는
신기방기 솔루션을 제공해주니,
전국 팔도 육아에 지친 엄마들의 오열 속 빛이 될 수밖에…
사이좋게 지내며 애 잘 키워 이름을 날린 육아서들,
혹은 온갖 연구 사례, 에밀리와 루카스 집안 얘기를

왜 읽고 앉았어야 하냐고…
그래서 당췌 어쩌라는 거야~! 싶은 와중에
지랄 맞은 꼴통 언니의 천 프로 공감으로 뒤범벅된
쉬운 글과 즉각 실행 가득한 돈 안 드는 리얼 솔루션 공략집은
센세이션 그 자체였으니…
게다가 남들이 20년 넘게 애한테 매달려
곤죽이 다 되어버리는 이 마당에
딱 3년만 몰입하면 애도 잘 크고 애미도 성장한다니.
이거 원 눈알이 튀어나올 일 아니겠냐고…
초압축 육아, 단기 완성, 몰입 육아!! 된다 분명.
《불량육아》가 책육아 입문서이자 바이블이라면,
《닥치고 군대 육아》는 끝나지 않을 것만 같은 육아를
3년 안에 끝내버리는 노하우를 샅샅이 보여주는
'작전 실행 명령서'인 거다.
그래서 '하은맘 저서 중 가장 리얼하다'
'이보다 더 솔직할 순 없다', '이제 행동해야 할 때!'
같은 피드백이 정말 많아서.
그만큼 다 내려놓고 가감 없이 솔직하게 썼던 책이고,
종합 베스트셀러 1위를 할 정도로 파급력이 컸지.
이번 개정판은 요즘 트렌드와 감수성에 맞게
수위 조절에 신경 쓰며 단어와 표현을 심사숙고해서 골랐고,

대학생 엄마의 시선으로 알려주고 싶은
육아 노하우를 다시 강조했어. 길게 질질 끄는 거 딱 싫어 난.
육아, 살림, 남편 뒷바라지, 시월드, 친정월드 보필 등드르등등.
체질상 딱 맞고, 그 안에서 행복이 폴폴 느껴지는 분들은
참 부럽구요. -_-
안 그런 년들 다 모여. 후딱 끝내버리고 토껴 버리게.
애가 없는 그 어디로든.
같이 있더라도 눈빛 하나만으로 '아' 하면 '어' 하는 초밀도,
초감도 인생의 스파링 파트너로 살게 되는 환상과
꿈의 드림 육아~! 캬~!
단, 더럽게 피곤하고, 졸리고, 난해하고, 지루하고, 불안하고,
헷갈리고, 내가 정신병자가 아닌가 두려움과 죄책감에
사로잡히는 날들 숱할 게다.
10년의 시간이 지났어도 여전히 바뀐 건 없다.
애들은 원래 그런 존재이고,
엄마를 고통과 괴로움 속에서 성장시키러 온 존재니까.
자, 이번엔 해병대 특수수색대 지옥주 훈련에 버금가는
멘탈 트레이닝이다. 자칫하면 낭떠러지고, 흠칫하면 지옥행이다.
체력의 한계, 정신력의 끝점까지 시험해 볼 준비된 년들만
책장 연다.
자, 다시 한번 가보자고~!

차 례

개정판 프롤로그 무려~ 다시 쓴 '작가'의 말 · 6

PART 01 입대 전
내가 미친년이지. 누굴 탓해!

결혼, 내가 잠시 돌았었나 봐요	· 17
그 오빠 없으면 못 살겠더니, 이젠 그 쉑히 때문에 못 살겠어	· 22
남편 칫솔로 변기 닦아봤어?	· 28
남편은 큰아들이자 통장이다	· 35
드~럽게 아름다운 출산	· 40

군대 육아 10년 후, 하은맘의 편지 #1
지겨워야 육아다 · 44

PART 02 훈련병
죽지만 마라

'모성 호르몬' 분비는 오전 딱 한 시간만!	· 51
애가 밤새 울어, 화생방 훈련이 따로 없어	· 56
거지 레이스 리셔츠	· 62
하은맘 육아는 '봄·가을 육아'	· 68
영국편지의 저주	· 73
유머 육아, 해볼 텐가~	· 79

내가 사주고 내가 지랄해	• 86
내 자식만 띨띨해	• 91
약이 필요해	• 96
아들이라고 불행해 말고 딸이라고 교만해 말자	• 100
수영을 하려면 일단 닥치고 물에 들어가	• 105

군대 육아 10년 후, 하은맘의 편지 #2
애를 언능 군대 육아로 잘 키워놓아야 하는 결정적인 이유 • 112

PART 03 이등병
탈영하면 안 돼. 줄 간다!

책육아로 똑똑한 영재 만들려는 사람, 나가!	• 117
이 구역 책육아 미친눈은 나야	• 123
서울대 안 나온 지구인 엄마의 책육아	• 128
41개월 하은이의 읽기 독립 일기	• 136
영어 가르친답시고 오버하지 마	• 144
뭐든 책으로 시작하고 몰입하기	• 152
학습지는 개나 줘버려~!	• 158
독서 천국! 불신 지옥!	• 162
초등 입학한다고 수선떨지 마라	• 168
하은이 최고의 방학 계획 '개놈 프로젝트'	• 174
방위편-영리해져야 직장맘이다	• 179

군대 육아 10년 후, 하은맘의 편지 #3
외계인은 니네 별로 가주라! • 186

PART 04 말년 병장
이럴 거면 책육아하지 마라

비교하지 마. 옆집 머절맘	• 195
상처받지 마. 시월드	• 200
강요하지 마. 남편노무스키	• 206
휩쓸리지 마. 누가 뭐래도 애 엄마는 나	• 212
무너지지 마. 명절 피폭	• 218
모조리 다 끊어! TV ㅣ까톡ㅣ카드ㅣ공구ㅣ웹 쇼핑ㅣ모임	• 222
군대 육아 10년 후, 하은맘의 편지 #4 평생 '공부 저력'을 키워주는 게 책육아다	• 236

PART 05 민방위
제대 후 쉬크한 발육아녀, 사회로 나갈 준비하다

돈 지랄도 내적 불행이다	• 243
하은맘 육아 재테크, 5:10:5 법칙	• 248
돈 모아라. 섹시하게	• 254
이 세상에서 가장 무서운 말-초등편	• 260
너를 믿었다	• 266
애 잘 키운 년은 뭐든 잘해	• 273
기대는 여자가 아닌 기대되는 여자가 되라	• 279
군대 육아 10년 후, 하은맘의 편지 #5 반드시 부자 엄마 되어 있기	• 284

PART 06 군대 짬밥
하은맘의 가위요리

돼지테리언이 베지테리언으로	• 293
초 간단 부추 요리 4총사	• 299
빠름~ 빠름~ 버섯 요리 3총사	• 304
엣지 있는 버섯어린잎샐러드 & 웨지감자	• 309
LTE Warp 올레~ 3분 된장찌개	• 312
둘이 먹다 둘 다 뭬져버리는 두유스파게티	• 316
육아 스트레스 한 큐에 날려버리는 언니표 강된장찌개	• 319
막걸리와 짝꿍~ 북한산 도토리묵무침	• 322
온 가족이 거지로 빙의되어 그릇 핥는 두부어린잎샐러드	• 325
명절, 제사 후 특효약, 분노의 모듬전찌개	• 328

BONUS PART
하은맘의 이기적인 상담소

책육아 Q&A	• 334
영어책육아 Q&A	• 338
육아 Q&A	• 342

개정판 에필로그 스물한 살이 된 너에게	• 346
에필로그 대차게 잘 자라준 내 딸, 하은이에게	• 352
하은맘의 편지 애 때문에 어제도 새벽에 잠든 너희들에게	• 358

PART 01
입대 전

내가 미친놈이지.
누굴 탓해!

환영한다.
네가 선택한 이 길…
웰컴 투 헬~!

남편은 오늘부터
'큰아들'이야

결혼,
내가 잠시 돌았었나 봐요

〈아들과 딸〉의 김희애 역할 '후남이'로 태어나,
잘 생기고 공부 대빵 잘하는 '귀남이' 오빠와
어릴 땐 무진장 예뻤던 '종말이' 여동생 사이에서 쿠사리 이빠~이
받으며 평생을 주눅이 든 '착한 아이'로 살았다.
안 혼나려고… 물 묻은 손으로 등짝 후려쳐 맞지 않으려고…
유년 시절 내내~ 통지표 하단에 적혀있던 말들…
'심하게 내성적임, 눈치를 많이 봄, 발표를 안 함, 사회성이 떨어짐.'
학교가 힘들었고, 공부가 어려웠고, 선생님이 무서웠다.
그래도 죽기 살기로 공부해 대학에 들어갔고
술과 나이트, 동아리 활동, 철철이 다닌 MT, 이놈 저놈 연애질…

단 하루도 술에 취하지 않고
집에 들어가 본 기억이 없던 대학 4년…
내 인생의 첫 사춘기였고 호되게 치른 반항기였다.
계절 학기까지 들어가며 간신히 졸업해 회사에 입사했다.
조직에만 들어가면 귀신같이 기어 나오는 '착한 아이 근성'
정말 열심히 일했고 덕분에 진급도 빨랐다.
입사 2년째 진급을 위한 집합 교육을 받는데 옆에 앉은
남자 동기가 완전 멋진 거다. 잘 생기고 밝고 진취적이고…
낯빛이 겁나 밝아. 어둠이 읍써~
꼬셨지. 안 넘어와. 어랍쑈~?!
눈치챈 그 남자 어느 날 이러는 거야.
"이러시면 안 됩니다. 사내 커플이라뇨~ 열심히 일해야죠!"
오메오메. 그 모습이 더 매력적인 거야~ 완전 후달려…
더 열심히 꼬셔서 자빠트려 부렀지.
꿈같은 10개월의 연애 시절…
정말 내가 그렇게 예쁘고, 매력 돋고, 성격 좋은 여자란 걸
첨 느꼈던 시절이었어. 천국이 내 것이더라고…
도망치고 싶었어. 내 삶에서, 어둡고 냉랭했던,
날 아무도 인정해주지 않던 유년 시절로부터…
내 삶을 완벽하게 뒤집어엎을 절호의 찬스라 여겨졌던 거지.
1년도 못 채운 뜨거운 연애 후 축복 속에 치뤄진 환상의 결혼식…

그때 내 나이 고작 스물여섯…

정말 한 치의 의심도 없었다.

시집살이쯤이야~

외아들에 홀시어머니쯤이야~

이렇게 행복한데…

그 오빠가 나를 이렇게 많이 사랑해주는데 뭐가 문제람~?

노 프라블럼~~ 후훗!

… … …

그래서… 어떻게 됐느냐구?

묻지 마. 피로와. 내적 불행 치받아 올라오잖아.

내가 미친놈이지. 내가! 누굴 탓해~

내가 기들어 온 시집살이, 누구한테 뭔 말을 해.

아~무도 등 떠민 사람 없었구만…

스펙터클한 나날들이 계속될수록 그렇게 사랑하던 내 남자와

얼굴을 붉히고 언성을 높이고 등 돌리고

잠드는 나날이 많아질수록

참… 사는 게 뭔가 싶더라구…

그동안 살면서 그래도 남한테 욕 얻어먹을 정도의

인간은 아니라고 생각했는데 말이지.

이건 뭐~ 매일 저녁 식탁이 〈마스터 쉐프 코리아〉였고

일상이 〈사랑과 전쟁〉이었어. 엠병할…

말려주지! 나 좀 누가 말려주지 쪼옴~! 으흑… 으흐흑…
나 왜 그랬던 거니~ 우린 대체 왜 그랬던 거냐구~!
빤쓰 한 장을 사도 원단이며 디자인이며 가격까지 5박 6일을
이리저리 요리조리~ 따져보고 비교해보고
고민에 고민을 거듭한 끝에 사던 난데,
대체 왜 그런 내 인생 최고 중차대한 일을 그저 좋아서 뻴릴리~
호떡집 불난 듯이 바람결에 나빌레라~
도장 콱! 찍어버린 거냐구~!
그땐 정~말 몰랐었다. 그 축복받으며 치뤄진 행복한 결혼식이
한순간의 욱~하는 감정으로 이루어진
'불법 도피행각'이었다는 걸…
그가 나를 미치도록 사랑해주고 나 또한 그러하니
뭐가 문제이겠냐는 막가파(?) 정신이 결혼 결정에
절대 도움이 될 수 없다는 것도 미리 알았어야 했다.
결혼에 앞서 '연습'은 못할지언정, '준비'는 해야 했다는걸
그땐 왜 몰랐을까?
결혼에 대한 책 한 권 읽지 않고 핑크빛 연애와 혼수 준비에
홀릭해 진정한 결합과 헌신, 양보, 서로 다른 문화, 이해의 폭 등
난 왜 아무런 준비도 하지 않았던 걸까?
그렇게 서두르지 않았어야 했다.
서른이 넘어서, 아니 마흔은 되어야

진정한 결혼 적령기가 아닌가 싶다 난…
그에게 의지하고 기대고 바라고 요구하는
철없는 중학생 가출소녀가 아닌 스스로도
온전히 설 수 있는 강한 인간이 되었을 때,
그때가 진정한 의미의 '결합'이 성립되는 거라는걸,
그게 제도권 안의 '결혼'보다도 더 우선시 되어야 할 명제라는걸
다 늦어서야 알아버렸다.

그 오빠 없으면 못 살겠더니,
이젠 그 쉑히 때문에 못 살겠어

정~말 사랑했잖아. 우리~ 그 오빨…

그 오빠랑 밤~새 전화통 붙들고, 한 얘기 또 하고, 또 한 얘기

또 해도 시간이 가는지, 밤이 새는지… 세상은 온통 핑크 핑크~

보고 있어도 보고 싶고… 한시라도 떨어져 있으면

숨이 턱 막힐 것만 같고 막~ 그랬었잖아.

오빠는 내 운명, 나는 오빠의 꽃사슴~ 우쭈쭈~

허허~ 참… 내 참… 육시랄!

그랬던 그 멋진 남자가, 보고만 있어도 보고 싶던 그 오빠가…

결혼을 하니 퇴근하자마자 옷도 벗기 전에 리모컨부터 찾아

24시간 TV 시청에 돌입할 줄 내 어찌 알았겠니~

리모컨 부여잡고 48개 케이블 채널 5분 간격으로

뱅글뱅글 돌려가며 누워 쳐자빠지리라고

누가 상상이나 했었겠냐구.

그렇~게 눈알이 빠지도록 쳐보시다가 잠든 것 같아서

TV 전원을 살짝 끄면 갑자기 눈을 번쩍 떠!

"나 안자." 허걱! 미. 친. 눔

재활용 쓰레기 버려 달라 그러면 기본 열흘은 지나야 해.

어쩌다 음식물 쓰레기 버려주는

날은 들고 나가면서 입 틀어막고

욱~욱~! 참내… 지가 임산부냐?!

북한 인민군처럼 새벽 출근, 오밤중 퇴근을 일삼으며

대한민국 일은 지 혼자서 다~하다가도

주말만 되면 허구한 날 왜 그렇게 아파 싸~!

머리, 어깨, 무릎, 허리, 엉치~

온갖 관절이 어메이징하게 쑤셔온다나 어쩐다나…

온몸이 종합병원인 거 혼인 전에 미리 말했어야쥐~!

화장실에 들어가면 기본 한 시간…

본인 치X 환자이셨던 거 미리 알리지 않은 죄~!

사기 결혼 아닌가? 망할…

그래두 내가 그토록 싸랑~했던 그 오빠였기에

실낱같은 희망을 안고 그의 영원한 꽃사슴 자리를

유지하기 위해 요리에서부터 살림살이, 오진 시집살이까지,
직장까지 다니며 죽기 살기로 해보았으나
애를 쓰면 쓸수록 멀어져만 가는 '즐거운 나의 집'이여~
파랑새는 다 어디로 갔냐구~!
이상과 현실의 차이는 이토록 어마어마하게 크더라.
인정하고 싶지 않은 그 오빠의 워커홀릭 증세와
나무늘보가 형님 먹자고 덤빌만한 리얼 레이지~ 라이프 스타일.
"네 손가락에 물 한 방울 안 묻게 하겠쒐~"란 말 개뻥이라는 거
알고는 있었지만 이거 원…
지 손가락에 물 한 방울 안 묻히겠다는 거였쒐!?!!!
내도 책 좀 읽은 논이고 앞뒤 꽉꽉 막힌
감 떨어지는 논 아닝께로 이해할 건 이해하고
넘길 건 넘기고 좋게좋게 살아가고 싶었으나
이건 뭐… 장난해? 내가 하숙 치는 거냐?
하숙 치는 여편네면 하숙생 집에 없는 사이 마실도 나가고,
친구들이랑 고스톱도 좀 치게
프리한 시간은 줘야 할 거 아니냐고~!
시월드 합체 모드 장착해놓고 지 혼자 일하느라
밖으로 토껴버리면 계란프라이 한번 안 만들어보고
너님 만나 꽃시절에 홀라당 시집온
이 젊고 순결한 샥시는 어카라는 겨…

묻지마. 괴로워. 내적 불행 치받아 올라오잖아.
내가 미친놈이지. 내가! 누굴 탓해!
내가 기들어 온 시집살이, 누구한테 뭔 말을 해.
아~무도 등 떠민 사람 없었구만…

아픈 건 아픈 거야. 아파해도 돼.
아프면 울어도 되고 소리쳐도 돼.
그러라고 남편이 중이 아닌 거야.
머리털 죄 뜯어놓으라고…

답이 안 나오는 일상… 열 개를 잘해도 한 개를 실수하면
가정교육 제대로 못 받은 여자 취급받는 수치심의 나날들…
'다 부숴 버리게쒸!' 두 주먹에 힘도 빡! 줘보지만
핏줄을 타고 흐르는 내 거지 같은 '착한 아이 콤플렉스' 때문에
그것도 용납 못 해.
의미 없는 내 인생, 뒤져버리고 싶어도 실행할 용기도 없고…
"넌 너무 극단적이야"라는 툭 던져진 오빠의 한 마디가,
"너만 참으면 되는데 왜 그렇게 이기적으로 구냐?"는
그 한 마디가 내 가슴팍을 얼마나 갈갈이 찢어놓았는지 알랑가?
나라고 쌍다구니 뻗치고 싶고
구질하게 처 울고 징징대고 매달리고 싶었겠냐구.
나 나름 회사에서 따르는 후배도 많던 간지녀였는데,
이런 현실이 기다리고 있을 거라는 거 오빠는 알았어야지.
나보다 천일을 더 살았으면… 군대도 갔다 왔으면!
너~무 사랑하는데 너~무 미운 거.
아니, 너무 사랑하니까 죽이고 싶을 만큼 증오스러워지는 거.
그거 진짜 당황스럽더라. 그 감정…
그러면 안 된다는 거 알면서도
점점 더 크게 다가오는 그 분노와 허망함. 슬픔…
그때라도 탁! 내려놓고, 자책은 개나 줘버리고
책을 더 잡았어야 했는데…

의미 없는 친구들, 아줌마들, 인터넷 뒤져가며
남들 사는 거 훔쳐볼 게 아니라 진정한 멘토를 찾아
조언을 구하고 도와달라 매달렸어야 했는데…
아… 내 잘못이었어. 그르지 말았어야 했어.
나만 힘든 게 아니라 그도 미치도록 힘겨웠을 거야.
듬직한 아들+자상한 남편+가장…
얼마나 무겁고 지치고 버거웠을 거야.
그런데 왜 모든 게 다 시간이 한참 흐른 후에서야
알게 되는 걸까?
난 왜 그때 그 순간, 그 엉킨 삶의 해답을 찾기 위해
진짜 공부를 하지 않았던 걸까?
다시 돌아간다면 날 좀 봐 달라~ 내 마음 좀 알아 달라~
앵앵댈 시간에 책을 읽고 필사를 할 거다.
그러면서 내가 날 돌봐줄 거고…
잘한다~ 잘한다~ 이 정도도 어디냐~ 칭찬해줄 거고…

독서로 길러진 내공과 마음의 힘으로
내 생각, 내 의견
당당하고 뻔뻔하게 뇌까릴 거다.
분노하지 않으며…
뭘 더~! 이 정도면 됐지 뭘 더!
배 째~ 배 째라구!!

남편 칫솔로
변기 닦아봤어?

2004년, 내 나이 서른넷. 어느 날의 일기야.

◦◦◦

바른생활맨이 나더러 그런다.
"넌 아직 꿈속에서 사는 것 같아." 다분히 뼈가 숨겨진 멘트다.
허나 완전히 부정할 수도 없었다.
꿈 많고, 하고 싶은 거 많고,
욕심 많고, 좋아하는 거 많고, 부러운 거 많고…
마음속에 창을 아직 버리지 못한 부분이 많은 거 사실이다. 인정!
어떻게 보면 그게 짐이고 허물일 수 있지만,

평생 옆구리 한 켠에 끼고 가야 할 나의 한 부분인 걸…
다만 부정적인 방향으로 선회하지 않기를 바랄 뿐…
한때는 연극이 삶의 전부라 생각하며
무대 위에서 피를 토하다 죽고 싶다 생각했었고,
가수의 부푼 꿈을 안고 기획사를 기웃거리던 때도 있었다.
회사에 들어가서는 최고 경영자가 되겠노라고
겁대가리 없이 재수를 떨던 때도 있었다.
짧은 인생 뭐가 그리하고 싶은 게 많았던지…
내 내면에 가진 게 너무 없어서
뭔가를 더 많이 이루고 싶었던 걸까?
그러다 20대의 한가운데…
지금껏 이루어 왔던 것들 아쉬움 없이 털어버리고
한 남자를 죽도록 사랑했고, 그 남자 닮은 아이 하나 갖고 싶어
또 죽도록 고생했다.
허나 임신이 생각만큼 잘 안 됐고…
포기하려 할 때쯤 죽기 직전 기적처럼 귀한 생명을 얻었다.
고위험 산모라며 내 의사와는 상관없이
이 병원 저 병원을 옮겨 다녀야 했고,
임신 초기 5개월간을 집 밖으로 한 발자국도 나가지 못한 채
몸을 사려야만 했다. 나의 몸놀림 하나로 하나의 생명이 생사를
넘나들 수도 있다는 죽음과도 같은 공포감…

그렇게 죽을 고생을 다 해서 만난,
결코 이 세상에 나오지 않을 것만 같던 영혼이
이젠 이렇게 내 앞에서 재잘재잘거리며 뛰어다닌다.
그 사실 하나만으로도 난 이 세상에서
가장 행복한 삶의 주인공임에 틀림이 없다.
허나, 이래서 사람을 망각의 동물이라고 칭했던가?
여전히 울 일도, 다툴 일도, 서러울 일도 많다.
가끔씩 하은이의 살짝 올라간 속눈썹의 그 아슬아슬한 웨이브나
도톰하니 짧달막한 손가락의 마디나,
살짝 올라붙어 미칠 듯이 사랑스러운 녀석의 엉덩이를 볼 때면
나 자신이 부끄럽고 못나 보이고 미워서 분노가 치민다.
아니 이보다 더 뭘… 이보다 더 얼마나 행복해야 만족할 건지…
꿈이라는 거 행복이라는 거 별거 아닌데
어떤 유형의 결과물은 더더욱 아닌 거 아는데 말이다.
내 주위를 둘러싼 그 느낌, 행복감, 사랑, 아껴줌, 그리움…
그게 바로 내가 그토록 원하던 꿈이라는 거 분명히 아는데…
갑자기 추워진 10월의 둘째 날. 시퍼런 하늘을 보니
갑자기 눈물이 난다. (2004. 10. 02)

● ● ●

외로웠었네. 이제 보이네~ 서른 살 선미의 스산한 마음이…

그래서 그렇게 눈에 힘주고 쏘아붙이고 대들고 지랄 거렸던 거네.
조금만 알아주지. 이 오빠야. 으이그.
답답하고 짜증나고 어이가 없어도 하나밖에 없는 여편네
어렵게 얻은 핏덩이 하나 어찌할 바를 몰라 발 동동~ 구르고
이리 치이고 저리 치이고…
그 죄책감에 스스로를 할퀴는 모습,
눈에 안 보였던 거야?
좋을 때보다 힘들 때 곁에 있어주려고 손가락 걸고 도장 찍은 거
아니었냐구… 왜 나만 외롭게 하느냐구~
애 만드느라, 병원 다니느라, 그 기적 같은 아이 낳아놨으니
제대로 키워야 할 것 같아 잘 다니던 회사까지 그만두고
'전업주부' 도장을 이마에 콱! 찍었는데
제대로 되는 건 하나도 없고, 육아서를 이고 지고
아무리 읽어봐도 그 어린 아가 하나를 어찌지 못하겠는
그 두려움의 외침들을 왜 다 외면했던 거냐구…
TV 좀 그만 보지, 나 좀 봐주지. 10분만 좀 일찍 들어와서
내 등 딱 두 번만 쓸어주지.
"그랬구나. 힘들었구나." 두 마디만 해주지.
'설거지 해달라, 쓰레기 버려 달라.' 승질 내던 내 목소리에서
'오빠 나 힘들어. 두려워. 내가 애 망가뜨리고 있는 것 같아.'라는
떨리는 목소리를 왜 못 들었던 거야.

끊임없이 보냈던 내 신호… 왜 안 들어줬어. 왜…
도리어 낮 동안 녀석의 온갖 저질 난장판 치는 일상들을,
그 에너지를 인내하고 받아주고 참다 참다 나도 모르게 폭발해
애한테 쏟아 붓고 있는 장면만 딱 보고는
자다 일어나 화내던 그 한마디…
"너 그럴 거면 육아서는 뭐 하러 보냐? 애한테 그렇게 화낼 거면
책육아는 뭐 하러 해! 남들처럼 대충 좀 키워. 작작 좀 하라구!"
아… 아… 차라리 내 가슴에 총을 쏘지 그랬어.
나도 잔소리 퍼붓고 폭언을 쏟아내던
내 입을 잘라버리고 싶었다구…
나라고 그 여린 아가 가슴에 내가 어릴 때 느꼈던
모멸감과 수치심, 두려움 안겨주고 싶었겠냐구.
왜 그랬어, 왜 그랬어. 이 사람아.
난 또 왜 그 앞에서 조분조분 내 상황 설명하며
풀어내지 못했던 건지. 괜히 쫄아서는 억울함 토로하다가
더 승질나서 결국 살쾡이처럼 댐벼들어 애 보는 데서
'그래, 니 죽고 나 죽자' 쳐싸워대기나 했으니.
정신줄 잡고 이렇게 말했어야 했어.
"읽어서 이 정도다. 이 쉐꺄~! 그거라도 안 읽었으면
네 귀한 자식 껴안고 옥상에서 뛰어내렸어. 이 쉬팔로마!"
낮고 힘 있는 목소리로, 한 치의 흔들림도 없이 간지 나게.

그러고서 언제나 그랬듯 조용히
새벽녘까지 녀석 책 읽어주다,
뽈놀이 같이 해주다,
애 꽥하고 잠들고 나면
자기 전에 그 쉑히 칫솔로 청소
할 때 변기 안쪽 쓰윽~ 닦고
깨끗이 씻어 다시 꽂아놓고
잤어야 했어.

〈유주얼 서스펙트〉의 대반전을 이끈 절름발이 범인처럼…
깔끔하고 군더더기 없는 복. 수.
어차피 내 부족한 거 내가 아는데 뭣 하러 싸움을 해.
그도 공사 중, 나도 공사 중이었는데…
서로 열심히 죽어라 돈 벌고, 살림하고,
애 키우며 뼈마디가 닳아가던 부족한 영혼들이었는데…
괜히 할퀴어댔어. 서로를…
'공사 중'은 피해 가는 거야.
괜히 그 앞에서 왜 공사하고 지랄이냐구 승질내 봤자
발 헛디뎌 나만 쳐 빠지는 것을…
옷도 더러워지고, 기분도 더러워지고…
슬쩍 피해 가는 거다. 얘들아.
서로 존중까지 해주면 더 좋겠지만

사랑 못 받고 자란 놈들은 그거 잘 안 됨요.

해보려다가 괜히 더 열불 치받아 올라 더 큰 싸움 남요.

그니까 조용히 입 닥치고

피해 가는 걸로…

남편은
큰아들이자 통장이다

남편은 오늘부터 남편이 아니다, 얘들아.

그렇다고 버리지는 마. 재활용 날 버리면 또 딴 눈이 주워 가.

그 눈도 팔자 드러워지는 거지.

죄야 죄. 쓰레기 무단 투기범. 잡혀가.

버리려면 저 멀리 사람 없는 곳 그런데다 버려야 해.

근데 또 그러려면 비행기 값 옴팡 깨져. 델꾸 살아. 그냥…

어쩔 수 없어. 나도 그때 그 수준이어서 그런 놈 만난 거야.

누굴 탓해. 누구한테 뒷담화를 까. 내 얼굴에 침 뱉기지.

불평, 불만 거두고 오늘부터 패러다임을 전환하는 거다.

남편은 오늘부터 '큰아들'이야.

내가 술 취해서 어쩌다 실수로 잘못 입양한 큰아들.

그것도 기계에 환장하는 큰아들. 정상이 아니야.

TV, 리모컨, 컴퓨터, 스마트폰, 아이패드, 게임…
젖병도 아직 못 끊었잖아. 맥주 젖병,
소주 젖병, 막걸리 젖병…

내적 불행이야.

손가락 안 빨고 있는 게 어디니~

어렸을 때 사랑 못 받아서 그래.

그러니 그런 애랑 뭔 부부싸움을 해~

내버려 둬.

근데 잘 생각해봐라~? 큰아들이 돈을 벌어 온다~?!

돈을 벌어와~!!! 워메~ 고마운 거~!

아하~! 큰아들도 아니로구나~ 통장! 그렇지~

남편은 '통장'이야. 오늘부터. 사람이 아니라구.

25일 날 나한테 300만 원을 갖다주는 고마운 쉑히~!

뭘 더 바라니? 건들지도 마. 괜히 육아 도와달라~

왜 안 도와주느냐~ 남들 남편들은 워쩐다드라~

깝죽대다가 싸움 나서 스트레스 받으면, 술 맨날 처마시고
몸 버려서 병이라도 걸리면 죽어버린단 말야.

그럼 더 이상 돈이 안 들어와. 살려는 놔야 해.

내가 똑똑해지고 지혜로워져야 된다구.

사실 통장 짓도 오래 하기 진짜 힘들어. 장난 아냐.
어깨가 완전 무너져. 특히 요즘 같은 불경기에 월급 끊기지 않게
따박따박 받아오기가 어디 쉬운 줄 아니?
내가 해봐서 알아. 가장 노릇… 특히 이 땅에서 가장 노릇…
어린 시절 상처, 착한 아이 콤플렉스가 나보다 더 심한 건
물론이거니와 사내라는 이유로 울지도 못하고 자란
불쌍한 인간들이 바로 이 땅의 '남편'들이더라구. 에효…
우리야 일 쉴 수라도 있고 휴직하다 안 되면 그만둘 수라도 있지.
이 땅의 남자들은 결혼하면 뼈가 으스러질 때까지 쉬질 못해.
누가 지랄해서? 우리가. -_-;

그냥 내버려두고 나 혼자서 군대 육아 죽어라 하면서
책 읽고 성장해.

그냥 혼자 쭉~ 치고 나가. 그 쉑히가 뭐라 카든 씹으면서…
옴~~~~~
그런데 말이다. 그렇게 군대 육아 꾸준히 하다 보면
어떤 일이 벌어지느냐 하면, 통장이었던 갸가 어느 날
내 인생의 '친구' 자리에 와 있어.
독서 친구, 이야기 친구, 술친구, 인생 친구…
금세는 아니지만 6개월이 지나고 1년, 2년이 지나면
이노무 여편네가 보는 책이 도대체 뭐길래 이렇게 꾸준히
딴 길 안 보고 쉰 새벽까지 애 책 읽어주고 공부하면서 지내나…

드럽게 궁금해지거든.

그러면서 나랑 같이 책을 보고, 육아에 참여하고

같이 강연을 들으러 다니는 신비로운 체험이 시작되는 거야.

요즘 언니 강연에 남편들 많이 참석해.

100명 강연하면 보통 7~8명은 꼭 들어와.

대단한 분들이신 거지. 남편들이 아니라 그 아내들…

그 엄마의 꾸준함 덕분에 그 남편들이

그 자리에 앉아 있는 거거든.

남편의 근본적인 차이는 없어. 절대.

이 세상에 좋은 책, 나쁜 책 없듯이.

나쁜 책이라도 아무거나 주워다가

어미가 정성과 사랑을 담아 열심히 읽어주면

그 아이의 인생을 바꿀 최고의 책이 되듯…

남편도 똑. 같. 아.

어차피 이리된 거 팔자려니 하고. 툴툴대지만 말고

아줌마들 만나 남편 욕 배틀하고 다니지 말고 사랑으로 거둬.

그 인간도 짠하잖니… 따지고 보면 말야.

집에 와도 이곳저곳 책 더미에, 벽마다 책장에, 어느 날은

소파도 없어져. TV도 케이블 선 빼버려서 안 나와.

집구석 어디 한군데

지 몸뚱이 누일 자리 하나가 없잖니.

돈 버느라 고생하는데…
그놈이나 나 놈이나 애 하나 낳아 어쩌질 못해 버둥거리는
한 쌍의 바퀴벌레랄까? 둘 다 짠해. 둘 다…
그니께 서로서로 도와. 〈라바〉에 나오는 '옐로'와 '레드'처럼…
그렇게 하수도 구녁에서 애벌레들같이 발버둥 치며
열심히 살다 보면
고치 껍질 벗고 멋지게 나비처럼
날아오를 날 올 거야. 반드시.
그때 정말 멋지게 하늘 높이 날아오를 수 있도록
웅녀처럼, 웅남처럼 둘이 '육아'라는 마늘
열~나게 까먹으면서 수련해.

왼손에 내 책 들고!
오른손엔 내 자식 옆구리에 끼고!

드~럽게
아름다운 출산

남들은 저녁 밥상머리에서 눈만 마주쳐도
얼씨구나 애 잘들 들어서더만 나만 안 생겨.
임신과 출산에 관한 오만 책을 다~ 사놓고 인터넷을 쳐 뒤져
애 들어서는 온갖 비책을 다 시도해봐도 나만 안 생겨.
날짜 맞춰 남편 출장까지 따라다니며 치밀하고도 전략적으로
몰입해보았으나 나만 안 생겨. 니미~
그러기를 수천 일… 의학과 종교의 힘을 빌려 돈 이빠이 쳐들여
천신만고 끝에, 그것도 결혼 6년 만에 임신이 됐어. 빠이야!!
천국 같더라. 여한이 없더라. 더 이상.
이 세상 아무리 험난한 파도가 몰아닥쳐도

다 이겨낼 수 있을 것 같았고 더 이상 내가 무언가를 더 원하면
미친년이지 싶었더랬어.

애가 생겼잖아~! 나한테… 애가… ㅜㅜ

근데… 그런데… 그게 엄청난 시련의 시작이었는지,
엄청난 고행의 서막이었는지… 그때는 정말 몰랐어.

임신중독증 초기 증상에, 임신 초기에 양수 새고,
배에 복수 차오르고, 불면증에 시달리는 임신 기간부터가
장난 아니었지만… 그래도 행복했어…

예정일을 한참 지나 도무지 나올 기미를 보이지 않는 아이가
위험할까 싶어 힘겹게 유도 분만 일정 잡고 그 죽음과도 같던
강제 진통 유도 과정, 참지 못하고 진행한 관장으로 인해
진통 내내 응꼬를 부여잡고, 출산 진통보다 더 고통스러운
또 다른 고통을 겪으며 (애 낳아본 뇬들은 무슨 말인지 다 앎)
힘겹게 정말 힘겹게 애를 낳았지.

내 앞에 앉은 사람 나한테 정떨어지게 하려면
남자는 지 군대 얘기 3시간, 여자는 지 애 낳은 얘기
3시간 하면 끝난다는데…

아~ 씨부리고 싶어, 출산의 고통!

아~ 폭로하고 싶어. 출산의 더~~러움!!

나는 배 아프고, 똥 마렵고, 허리가 쪼개질 것 같은데
의사, 간호사는 수시로 들어와서 움직여야 자궁 문 열린다고…

언능 일어나서 복도 걸어 다니라구 지랄해. 니들이 해봐 이거…
그 쉑히는 옆에서 회사 전화 받고는 회의를 가야 하네~
난리를 쳐싸며 이리 갔다가 저리 갔다가 난리를 치더니
'2002 월드컵' 본다고 복도와 병실을 4,500번쯤 왔다 갔다…
(죽여. 저 쉑히…)

그래도 아이를 낳는 순간 하늘에서 빛이 내려오고
천사와도 같은 그 아이를 보는 순간 눈에서 눈물이 폭포처럼
흘러내린다 하니 그 말만 죽어라 믿고 참고 또 참았어.
근데 SShang~!
어떤 캐쉐키가 자꾸 그런 허튼 소문 퍼뜨리고 다니는 거야?
진통 막판 하늘에선 절망과 공포가 포텐 터지고
내 애 첨 보러 갔을 땐 애 얼굴이 시어머니랑
똑같이 생겨서 욕이 흘러넘쳤어. 쓰바.
모성이 나오려다 쏙 들어가 버렸다구. 첫날부터…
아니, 시어머니
미니어처를 내가 어찌
사랑으로 키워.
이런 생각을 하는 나는
모성 본능 전혀 없는
되먹지 못한
쓰레기 같은 인간인 것

같아 하루하루가 절망의 연속이야.

인생에서 정말 중요한 것들은 죄다 숨겨져 있다.

내가 겪어보니… 완벽한 은. 폐.

그걸 도덕, 예의, 법도, 효, 인내라는 이름으로 가리게 해.

이 세상 어디에서도 가르쳐주지 않지.

온전히 스스로 온몸으로 겪어가며 알아내야 할 삶의 비밀들…

먼저 애 낳은 친구들한테, 엄마한테, 동네 누구라도 잡고

물어보면 다들 그냥 낳았대. 그냥 컸대. 기억이 안 난대.

나쁜 눈들. 절친이란 것들이…

근데 내가 겪어 보니 기억이 안 나는 게 아니라

기억조차 하기 싫은 거였어.

너무 힘들고 아프고 서러워서 기억에서 지워버린 거더라고.

그래야 살 수 있으니까.

그리고 그렇게 온몸으로 겪으며 알아낸 출산과 육아의

노하우들을 지금 막 애 낳은 눈에게 홀라당 알려주기 싫은 거지.

'너도 한번 뒈져봐라~!' 싶은 시어머니 염장 심보.

아픈 건 아픈 거야. 아파해도 돼.

아프면 울어도 되고 소리쳐도 돼.

그러라고 남편이 중이 아닌 거야.

머리털 죄 뜯어놓으라고…

군대 육아 10년 후,
하은맘의 편지 #1

지겨워야 육아다

얘들아.

많이 힘들지? 애 키우는 거 답답하고

모르겠고 잘 안되고 죽겠지?

원래 그래. 애 키우는 게…

아주 당연한 거야.

그렇다고 포기하고 외주주고 대충 키우면

애랑 같이 세트로 네 인생 좐(John)되는 거야. (좐 미안~)

힘든 일을 하기 싫어하면 인간은 1센티도 성장할 수가 없어.

단 1센티도.

그리고 사람이 뭘 쟁취하고 얻으려면

감당하는 시간이 필요해. 반드시.

지금은 바로 그 '감당의 시간'인 거고.

기꺼이 해야 해.

이거 원 뭐 힘들지만 거대하고 엄중하고 멋들어진 뭔가를

감당하는 거면 말도 안 해.

진짜 지루하고 반복되고 귀찮고 짜증 나고 추레하기

서울역 그지 없는 하루하루를 감당해야 하니

죽을 맛인 거지… 안 그냐?

자자, 흥분 가라앉히고 앉아봐.

앉아서 내 말 들어봐봐.

육아는 단거리야. 마라톤 아냐.

긴~ 안목이고 나발이고 보지 마.

짧게 치고 빠져.

군대 왔다 치고 하루 종일 육아만 생각해.

하루 종일 군인 삽질하듯 한 방에 끝내 버려.

지긋지긋한 그 소굴에서 내 반드시

성공해서 나간다는 심정으로 죽어라 몰입해.

인성, 도덕성, 지성, 감성, 체력,

끝내주는 아이로 맹들어 버리고

내 반드시 탈출한다!!!! 쓰바~!!!!

매일매일 되뇌어. 승패는 결국 나와.

(물론 남과의 다른 집 자식과의 비교우위 승패 말하는 거 아니다.)

나중에 웃을 수 있도록 지금 울면서 지내.

내가 넘 후져서 울고, 미안해서 울고,

갑갑해서 울고, 암담해서 울고,

때론 감당할 수 없을 정도로 감사해서 울고.

그 울음, 그 감정 절대 의미 없는 거 아니야.

다 값져. 다 귀해.

나도 지금 그러 저리 요로 조로한 이유와 사정으로

액션 히어로물 저리 가라

쿵쾅 쿠쾅 쿵쿠우우슈슈슝 팡팡~

(위기-개쫄림-해결-평화-또 위기-병신 망신-해결-평화…)

구조 무한 반복의 삶을 살고 있다만

이 심장 쫠~깃한 시간들이 결국

더 큰 인간이 되어가는 9와 3/4 승강장인 걸 알기에

'기꺼이 감당'하며 간다.

앗, 넘 묵직하냐…?

ps. 항상 얘기하지만 내 애 잘 키워놓은 게 중요하지

얼른 튀어 나가 성공하는 거 중한 거 아니다.

애 망가지면 아무 의미 없다.

내가 꼭 그래야만 하는 상황(처지)이 아니라면 더더욱.

내 여전한 꿈은 진짜 재밌고 우아하고 멋지게 사는

'근사한 가정주부'다.

PART 02
훈련병

죽지만 마라

애가 뱃속에서 나왔다면
지금부터는 24시간 전시 상황!
총알 피하면서 잘 견뎌.

그렇게 가는 거야, 육아!
뒷길 없어

'모성 호르몬' 분비는
오전 딱 한 시간만!

난 진짜 먼저 애 낳은 친구들보다 훨씬 더 잘할 줄 알았어.

친구 중에 맨 꽁지로 애를 낳았고 본 것도 들은 것도 젤 많았잖아.

걔네들과는 차원이 다른 육아,

사랑과 너그러움과 인자함이 철철 흘러넘치는 육아,

아이의 작은 반응에도 5G급으로 즉각 반응하는

국내 최고 멋진 엄마가 될 줄 알았다구.

허나 그 후져 보이던 친구놈들의 발톱 때만큼도 못 따라가는

허둥지둥 개차반 육아를 하는 날 발견하는 건

그리 오래 걸리지 않았어. '육아의 촉'이 내게 아예 없다는 걸

깨닫는 데도 그리 오래 걸리지 않았구.

'애가 쉼 없이 울어대면 불안 초조 유전자가
천 배로 확장돼 변신함.'
'잠 못 자고 제때 못 챙겨 먹어도 변신함.'
'애가 이리저리 휘젓고 다니고 어지럽히면 또 변신함.'
'애가 새로 빨아 입힌 옷에 뭐 흘리면
0.0001초 만에 악마로 변신함.'
훗날 〈괴물 김선미〉 논문에 실릴 증거자료들임.
여유? 인자? 너그러움? 그게 뭐예여?
육아서를 아무리 뒤져봐도 답이 읎써.
다들 애 낳으면 어미의 모성으로 자연스레 키우게 된다는데
모성이 출산 당일 신생아실 앞에서 소멸해버린 난 어떡하냐고…
나름 지극히 평범한 대한민국 여성으로 공교육 제대로 받았고
도덕, 바른생활, 실과 등의 과목을 성실히 이수한
한 떨기 여인이었는데…
국가에서 시키는 거 한 번도 땡땡이치지 않았고
바르게 착하게 살았는데 왜 난 육아가 힘들지? 엉?
남자인 거니? 나?
그나마 육아서 미친 듯이 읽고, 몇몇 절친녀들의 조언으로
정신 줄을 조금씩 잡아가고 신생아 육아의 기본적인 것들을
몸에 익혀가다 보니 하루 종일 호기심 어린 눈으로
이곳저곳을 탐색하는 녀석이 귀엽더라고.

꼼지락거리는 손, 발, 씰룩거리는
입매, 눈매…
특히나 까르륵~ 넘어가면서 웃어대
는 돼지 하은이의 웃음은
정말 미쳐버리게 예뻤어. 예뻐…
애가… 예뻐져.

내 새끼구나. 이렇게 예쁜 생명체를 내가 낳았구나.
아이구, 기특해라!
그나마 6개월 정도가 지나니까 '모성'이라는 게 뭔지
쬐끔씩 알겠더라. 몸이 자동으로 움직여 아이를
돌보고 어르고 놀아주는 그 본능적인 느낌.
다만 문제는 모성 분비가 오전 한두 시간만이라는 게 함정!
그 오전 나절엔 정말 애가 죽어라 예뻐. 미치도록 사랑스러워.
하품을 해도 예쁘고, 똥을 싸도 향기롭고,
구르고 뒤집고 넘어지고 자빠져도 기특해.
근데 한두 시간이 지나면서는 그 황홀경이 점점 사라져.
나도 모르게… 그냥 구르는 갑다, 뛰어가는 갑다,
잡으러 가기 싫다, 부르지 좀 말지….
그때는 정신력이야. 책으로 익힌 '억지 모성', '본능'이 아니라.
그렇게 버티다가 저녁 7시가 넘어가면 결국 몸에서 당 수치가
떨어지기 시작하면서 그때부턴 '종교의 힘'으로 견디기야.

무조건. 이를 악물고…
하루 종일 망둥어처럼 온 집안을 기어 다니는 애 꽁무니 쫓아
다니느라 다리도 아프고, 어깨도 빠질 것 같구,
애가 매달려 싼 모가지도 아프고,
책 읽어주느라 목구멍도 아파져 와.
편도선은 수시로 붓고 감기는 둘도 없는 절친이 되지.
밀린 집안일에 폭탄 맞은 집안 꼬라지 보는 것만으로도
화딱지가 밀려오는데 그 시간만 되면 애는 더 칭얼대.
아, 씻고 싶어. 3일 안 감은 내 머리 냄새에
내가 기절하게 생겼다구~! 아니, 샤워가 웬 말이야,
그때 내 소원은 문 닫고 똥 싸보는 거였어.
애 두어 시간 팔때기 떨어지도록 겨우 안아 재워 내려놓고
화장실 갈라치면 깨서 징징대며 엉금엉금 기어 와. 으악~~
우아하게 똥 싸는 거 포기하고 내린 추리닝 바지 올리지도 못하고
어정쩡 애 다시 안고 변기에 앉아 나 혼자 읊조리지.
"너도 싸고… 나도 싸자…"
제때 먹지 못하고, 제때 싸지 못하고, 제때 씻지 못하는 고통은
단순한 힘듦이 아니라 '생존의 위협'이었어.
내가 이대로 죽을지도 모르겠다는 공포!
이 아이가 혹시 나를 죽이기 위해
저승에서 투하된 괴뢰군이 아닐까?

학창 시절, 청년 시절 내가 한 온갖 거짓말과

나쁜 마음에 대한 저주의 화신인 건가?

이 고통은 결국 내가 처참하게 죽어 나가야 끝나는

죽음의 게임?!?! 뜨악!!

잘 못 했어요. 하나님. 용서해주세요~ 엉엉.

이젠 착하게 살게요~ 나 좀 살려주세요. 엉엉엉…

힘들게 애 낳아놓았으니 애 키우는 거 힘들다고

어디 말도 못하고 혼자 괴로워하던 숱한 밤들…

큰 소리로 울지도 못하고 울음을 삼켜야 했던

죽음과도 같던 시간들…

헌데 그 가엾은 시간들이 지금 내게

아련한 그리움으로 남겨져 있다는 게 참… 근데 사실이야.

즐겁고 신나던 시절들보다 더 또렷하고 생생하게 되뇌게 되고

지인들과 수다 떠는 맛난 재료들이 되니까…

그걸 겪어야만 비로소 어른이 된다는 게

무슨 말인지 이젠 알겠어.

듣기 싫던 어른들 말이 인정할 수밖에 없는 사실이었어.

나도 나중에 할망구 되면 젊은 엄마들한테 꼬장 부리고 다니겠지?

어느 아파트 놀이터에서 소리치는 노망난 할망구를 보게 되거든

그게 난 줄 알어. 그리구 말 들어.

내 손으로 애 키워야 내가 어른이 돼.

애가 밤새 울어, 화생방 훈련이 따로 없어

내 까꿍이 육아에서 가장 고통스러웠던 부분은 단연 '잠'이었어.
오지게 안 자던 녀석.
자도 항상 칭얼칭얼~송을 36절까지 애미 팔때기에서 불러대다 간신히 잠들곤 했던 녀석. 우와~ 죽겠더만?
왜 남의 집 아기들은 죄다 누워서 엄마가 몇 번 따독따독 거리면 쌔로록~ 잠드는 것 같은데 왜 야는 안 자?
징징 울어 싸서 다독이면 안아주래. 안으면 일어나래.
일어나잖아? 그럼 걸으래. 걸음 멈추면 귀신같이 알아.
걸어 다녀도 잠 안 오면 밖으로 나가래.
그렇게 밖에서 찬바람이라도 맞아줘야 애가 까무룩 잠들어.

잠든 것 같아 집에 들어와 사알짝~ 아주 사아알짜악~
내려놓으면 또 깨서 쳐 울어.
그것도 아주 큰 소리로… 온 동네 떠나가도록…
'내 애미는 애 드럽게 못 돌보는 사람이다'
광고라도 하는 것처럼…
더군다나 난 누구 울음소리 못 견딘단 말이야.
내가 울 때마다 맞고 커 와서 친구가 울든 가족이 울든
못 참는단 말이야.
누가 칠판을 손톱으로 찌익~긁는 것 같아. 미칠 것 같다구…
그렇게 밤은 깊어 오고, 애는 안 자고 징징거리구,
팔은 떨어질 것 같구…
진짜 몸에 난 솜털 하나하나가 예민해지는 것 같았어.
왜 애는 나만 보면 울어대~? 나 니 엄마라고!
왜 엄마를 보고 맨날 우냐~ 엉? 잡아먹어? 엄마 싫어?
나 너 엿먹이려는 사람 아니라구~! 왜 그래~?
말을 하라구~! 말을!
정말 마춰 총이라도 쏘고 싶은 그 사선을 넘나드는 괴로움…
아… 아… 답답하고, 화나고, 짜증나고, 억울하고, 외롭고…
나 진짜 애 못 키운다. 남들 다 하는데 난 왜 이것도 못하냐.
왜 엄마들이 애 낳고 산후조리하다 아파트 18층에서
뛰어내리는지 딱 알겠다. 현재의 괴로움보다도 더 큰

끝을 알 수 없는 무한 반복의
시간에 대한 공포…
정말 밤중 모유 수유 못했더라면
잠 못 자서 죽었을 거고, 슬링이
없었으면 팔 떨어져서 죽었을 거고,
처네가 없었으면 외출 못하고
감옥 생활에 지쳐 죽었을 거다.

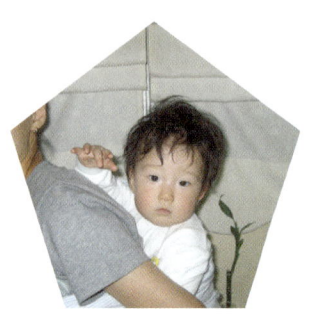

고마운 나의 젖+슬링+처네. 피~쓰!
정말 죽으란 법은 없다고 조금씩 방법이 생겨나네~
맨팔로 안 되니 코트 끈 빼서 깁스 환자맹키로
간이 아기 띠도 만들어 왼팔에 둘러 안고 어르다 재우고,
밤에 안자면 아예 처네로 업고 나가 자장가도 불렀다가
낮에 읽었던 책 얘기도 두런두런 들려주며 온 동네 한두 시간
쏘다니기를 한 1년 했나? 그때 시각은 항상 밤 12시쯤.
후진 추리닝에 못 감은 떡진 머리를 한 시체 몰골의
초췌한 여자가 중늙은이처럼 애를 업고 염불을 외우고 다녔어.
이제 생각하니 주변에서 신고 들어오지 않은 게 다행이네.
그렇게 걷다 졸음이 쏟아지면 길모퉁이 교회 옆 오래된
자판기에서 밀크커피 한 잔 뽑아먹어. 그게 그리 맛있더라.
종이컵 호호~ 불어가며 한 모금씩 아껴 마시며 걷다 보면
등 뒤에서 애 목소리가 들려.

"엄마 졸려서 커피 마셔?" "응 아가…"

"하으니가 안 자서 엄마 힘들어? 미안해…."

아니야. 엄마가 미안했어. 아가…

네가 일부러 엄마 괴롭히려고 안 잔 거겠어?

그 졸음 섞인 내 아이 목소리, 초가을의 제법 쌀쌀한 바람,

하루의 피곤함이 몰려와 후끈거리던 어깨, 달큰한 커피 향…

이렇게 그리워질 줄은 몰랐어. 그땐 제발 빨리 좀 잠들었으면…

시간이 빨리 지나갔으면… 내 시간이 좀 났으면…

나도 사람답게 살고 싶은데…

지금 돌이키면 그때 그 순간이 내 인생에서 가장 사람답던

시절이었어. 누군가를 사랑하고 돌보고 뭐든 값없이 내어주던…

이기적인 마음 없이 그 어린 아가 하나 잘 키우려

애쓰던 그때가…

잠 안 자면 안 재우면 되는 거였어. 재우지 말걸. 그냥.

자라, 자라~ 염불 외우지 말고 시계 뒤집어 버리고

원시인처럼 지낼걸. 늦잠 자면 될 것을…

그때 잠 안 자고 버티던 시절 그리 길지 않더만.

왜 재촉하고 소리치고 어깃장 부리고 협박했을까?

그 어린 것을…

애가 호기심이 많아서 그랬던 건데…

세상이 넘 신비롭고 재밌어서

조금이라도 더 보고 만지고 느끼려고 잠을 이겨내고 있던
천재 아가한테 왜 그랬을까? 내가…

애들아. 애 재우지 마. 정해진 시간에 안 재워도 돼. 괜찮아.

아이는 들풀 같아서 지들이 알아서 자기 살 숨과 잠과 에너지를 챙겨나가면서 살더라. 어미가 일부러 조절하지 않아도.

엄만 그저 아이 곁에서 '괜찮아, 괜찮아 엄마가 있잖아. 마음껏 탐험하며 살렴.' 그 마음만 갖고 있으면 되더라.

물론 남편을 비롯한 가족 친지와 주변인들의
외압과 탄압이 장난 아닐 거야.

육아라는 메커니즘 전혀 이해 못하는 비합리주의자,
권위주의자들과의 대치 상황에 수시로 놓일 거고…

그건 어쩔 수 없어. 포기해. 바꾸려 하지 마.

차라리 빨리 미친눈 소릴 들어. 말 안 듣는 여편네 소리 듣고.

그 시간, 공간을 무너뜨리는 낮 밤 뒤바뀐 까꿍이 육아의
부조리한 시간들…

그 애틋한 짜릿함…

느끼기 전엔 죽지 마라. 절대.

자, 눈 감고 가슴에 손 얹고 성찰해보자.
지금 나의 목적이 불순하진 않은지…
내 아이를 누구누구~처럼 키우려고 애쓰지 않았는지…
아이의 아웃풋에 일희일비하며
칭찬과 다그침을 반복하진 않았는지…
비교하고, 평가하고, 채근하고, 몰아가며
협박을 일삼진 않았는지…
지금 그러고 있다면 당장 때려쳐! 처음부터 다시, 다시~!!
내 아이에게 책을 읽히는 의미부터 다시 생각할 것!
길게 보고, 멀리 보고, 깊게 볼 것~!
속도가 중요한 게 아니라 '방향'이 중요하다는 걸 깨달을 것!

거지 레이스
티셔츠

6년 만에 기적적으로 애를 가졌기 때문에 난 진짜 낳기만 하면
판타스틱 리얼 꿀~육아가 펼쳐질 줄 알았어.
씨~바. 신이시여. 아… 아… 진짜 아무것도 모르겠고,
애는 24시간 연속 풀타임으로 울어대고,
모유 수유 덕분에 한 시간마다 물똥 대 발사.
진짜 말 그대로 젖과 똥이 흐르는 지상 낙원,
아니 지상 지옥이 따로 없었어.
조국이 원망스러웠고 나보다 먼저 애 낳아 키운 모든 여자들이
꼴뵈기 싫었어. 깊은 배신감. 피곤과 졸음과 배고픔과 예민함이
극에 달한 어떤 날은 창문 열고 그냥 뛰어내리고 싶었다.

(다세대 주택 2층이다. 닝기미… 죽지도 않겠다.)

애 키우는 게 그렇게 죽도록 힘든데 녀석은 너무 예뻐지더라.
못생겼는데 너무 예쁜 거. 내 눈에만…
끊임없이 날 찾고 엉금엉금 기어와 설거지하는 내 다리를 붙잡고
"움마~움마~" 강아지처럼 매달리는데 점점 마음이 녹더라구.
그 송아지 같은 눈망울을 한 아가한테…

그래. 죽이 되든 밥이 되든 키워보자. 이 어린 핏덩이…
지가 낳아 달랬어? 내가 좋다고 낳았지.
슬프게 하면 안 되지. 암…

혼자 머리에 띠 두르고 두 주먹 불끈 쥐고
꽂히는 육아서 눈알이 빠지도록 읽고 또 읽고 줄 치고 적어가며
그대로 해보고 잘 안 되면 또 해보고 또 읽기를 무한 반복했지.
죽기 살기로 매달리며 손과 발을 움직였고 무식하고 용감하게…
냄비 꺼내 놀아주고 이불이며 휴지며 닥치는 대로 다 놀아줬어.
전단지 주워다가 같이 자르고, 대문에 붙은 피자집 자석 떼어다가
자석 놀이 하고, 책 들고 오면
무조건 턱 하니 주저앉아
읽어주고, 아침, 저녁으로
손 끌고 밖에 나가자고
앵앵거리는 녀석
내치지 않고 따라 나섰어.

집 근처 애견센터 강아지들과 한 시간 대화.
365일 내내 기다려줬어. 조금 더 가면 골목 안 떡볶이집 강아지와
또 쭈그리고 앉아 대화 나눠 줘야 해. 거기서 또 30분.
지루하고 좀이 쑤셨지만 했어. 그냥…
좀 더 가서 있는 국민은행 현금지급기 박스. 저기서 또 한 시간.
버튼 내가 먼저 누르면 완~전 지랄해 애가.
자판기라도 만나면 눈에서 레이저 발사! 동전 몇 개 쥐어주고
또 한 시간 기다려. 넣고 누르고 빼고 또 넣고 누르고 빼고…
뫼비우스의 띠다. 이건. 안 끝나. 안 끝나.
애미는 뒤에서 늙어 죽어. 집구석에선 뭐 별거 있간디~?
무쉐 팔~ 무쉐 다리 폭력 하은이의 횡포에 만신창이가 되어가도
내가 해줄 수 있는 게 이거밖에 없으니 몸이라도 내어줘야지
싶었다. 맨날 찢고 뜯고 부수고 자르고
낙서하고 망가뜨리고…
아 몰라~ 막살자 그냥…
정말 따분하고 재미없고 지겨웠던
그 시절.
그 정신줄 놓을 듯 바쁜데 심심하던…
우는 애 등에 업고 싱크대에서 물 말아 끼니 때우며
열라 피곤한데 무료하던…
'나는 회사서 잘 나가는데 선미 넌 집구석에서 애랑 뭐하냐?'

'왜 복직은 안 하냐?' 절친들 전화 때문에
무너지곤 하던 그 시절.
하루 온종일 분명 미치도록 바쁘게 산 것 같은데
제대로 해놓은 건 한 개도 없고, 책 읽다 놀다 새벽녘이 다 돼서
꽥! 하고 잠든 녀석을 침대에 눕혀놓고 나면
그 허하고 미안한 가슴팍 쥐어뜯을 새도 없이
폭탄 맞은 집안 꼬라지에 식당 주방을 방불케 하는 설거지통,
산더미 같이 쌓인 빨래 더미에 텅 빈 냉장고가
날 더욱 힘 빠지게 만들었어. 휴~
소파에 눌러 붙어 버리고만 싶은 몸뚱이 간신이 일으켜
세탁기 돌리고 닦고 대충 치우고,
애 다음날 멕일 반찬 한두 개 만들고
나면 새벽 4시…

이 닦다 거울을 보면 애가 하~도
잡아당겨 목 부분이 늘어날 대로
늘어난 '거지 레이스 티샤쓰'를
입은 퀭~ 한 얼굴의
늙은 아줌마가 서 있다.
어마, 깜짝이야!!
서글프고 억울하고 속상하고… 나 왜 사니~?
불임의 벽을 수없이 넘어가며 얻은 귀한 내 자식…

올인하고 최선을 다하겠노라 수없이 다짐했건만
혼자서 감당해야 하는 육아와 살림의 고된 무게 앞에서
정말 '그날'을 견디는 게 힘들었어.
내일도 똑같을 거니까. 무한 반복…
무서웠고 도망치고 싶었어.
나도 그랬었다구… 헌데 그때 박차구 애 맡기고 나가지 않은
후진 그 시절이 얼마나 다행스러운지 아무도 모를 거다.
그 시절을 떠올릴 때마다 다크써클 배꼽까지 내려온
서글픈 내 젊음이 못내 짠하지만 그래도 그 순간 도망치지 않은
무식한 근성이 꽤 기특해.
다시 돌아가면 어떻게 할거냐구? 안 돌아가. 죽어도…
너나 돌아가세요.
너무나 오지게 겪어버려서 다시는 하고 싶지 않아.
그래서 둘째도 안 가진 거야. 난임이기도 했지만
너무 힘들어서 둘째의 'ㄷ'도 생각해본 적 없었어.
그렇게 가는 거야, 육아. 뒷길 없어.
멋지고 우아하고 귀티 나는 까꿍 육아는 없어.
르네상스 시대 귀족으로 태어나지 않은 이상…
목 늘어난 티샤쓰 입고 무릎 나온 추리닝에
아디다스 삼선 쓰레빠 직직~ 끌고 온 동네 마실 나가는 게
최고의 품격 육아야.

초기에는 멋져지려고 하지 마.

그러라고 유혹하는 거 죄다 상술이고 장사야.

육아 팁? 필수 목록? 국민 장난감 같은 소리하고 자빠졌네.

됐다, 그래. 귀 닫고 눈 감아.

마음의 눈 활짝 열고 내 새끼만 보는 거야. 워때~?

할 만하지?

별거 없는 육아일수록 제대론 거다.

하은맘 육아는 '봄·가을 육아'

'봄·가을엔 법륜, 여름·겨울엔 히틀러'
내 '호'야. 나두 그러고 싶었간디~?
엄청 잘 해주고 사랑해주며 키우고 싶어
환장을 했던 년이었당께!
사실 잘해줄 때는 엄~~~청
잘했어. 아주 그냥.
나 자신이 너무 자애롭고
너그러워서 오금이 저려 막.
애가 뭔 짓을 해도 받아들여지고
이해되고 용서가 돼.

뭐든 허용해줘. "괜찮아 하은아~ 닦으면 돼. 빨면 돼.
마음껏 놀렴. 엄마는 너그러운 천사맘이니깐~ 으하하하~~~"
내가 육아를 열심히 한 덕분에 드디어 내가
육아 천재가 되었구나.
육아서 열심히 들이 파니까
내적 불행을 극복한
멋진 눈이 된 거구나!
자신감 게이지 급상승! 다 댐벼~
난 너그러움의 아이콘이라구!
근데 곰곰이 따져보니 그런 날은 주로
'봄, 가을'이었더라.

안 덥고 안 추운… 딴 거 없더라. 온·습도. 개단순 원리.
날 좋으니 애랑 허구한 날 뛰쳐나가 놀터랜드 순방 다니고
내버려둬도, 미친 듯이 놀고 자빠지는 애 뒤꽁무니만
쫓아다녀도 하루 반나절은 후딱~ 지나가 주니
두어 시간 열띠게 놀리고 들어와 씻기고 먹이고
책 읽어주다 보면 별 싸움 읍씨 까무룩 잠이 들어.
나도 낮 동안 해 많이 보고 광합성 해준 덕분에
애 옆에서 같이 스르륵 잠들고…
아침에 애랑 같이 눈뜨면 '아 SShang. 자 버렸어!
애랑 같이 자 버렸다구~!

컴퓨터 앞에서 하얗게 불태웠어야 했는데…'
싶긴 하지만 푹~ 자서인지 기분은 겁나 좋아.
또 하루 종일 육아가 잘 돼. 으허허허~~
그렇게 깨방정을 떨던 봄·가을과는 달리
더워도 지랄하고 추워도 지랄하는 온·습도 초민감 김여사에게
여름 육아는 완전 죽음이었어.
'더우면 헐크로 변신하는 병'이 있어 내가…
온몸이 끈적거리니 애가 손만 대도 짜증이 밀려오고
몸은 자꾸 늘어지고…
여름에 틀려고 산 에어컨… 전기세 아끼겠다고 선풍기 돌리며
괜히 애한테 지랄, 지랄. 한낮엔 넘 뜨거워서 나가 놀지도 못하니
끈적거리는 파리 마냥 둘이서 더 끈적거리는 장판 위에서
짜증 배틀을 해대.
애도 나 닮아 더위를 많이 타다 보니 초저녁 나절쯤 되면
둘 다 까칠 소심 시스터즈 변신!
더 이상 안 되겠어서 저녁 놀이터라도 나가 놀다
둘 다 모기 열라 뜯겨 밤새 긁다 징징징.
몸뚱어리는 또 오지게 후져놔서 모기 한번 물리면
긁다 긁다 피딱지에 염증까지 올라오기를 무한 반복.
그때쯤이면 건드리면 물어뜯을 기세.
애는 엄마 눈치 보느라 맨날 "엄마 화났쩌여?"

그럼 사실대로 짜증이 났다고 말하면 될 것을
얼굴은 누가 봐도 폭발 직전인데 대답은
"화 안 났쒀! 안 났다꼬!!!" 으이그, 화상아.
겨울도 춥다고 나가질 못하니 뭐 여름이나 매한가지…
인생이 왜 이렇게 내내 질풍노도 아노미 현상의 연속일까?
아무리 책을 봐도 강연을 들으러 다녀도 왜 나는 그때뿐
또 도로아미타불이 되어버리는 걸까?
결론은 '내 몸 컨디션'이었다. 내 몸 상태가 육아를 좌지우지하는
최우선의 열쇠였던 걸 그땐 몰랐던 거야.
잘 먹고, 애 잘 때 같이 푹 자고,
온·습도 관리 잘하고, 잘 쉬면 돼.
그럼 배려 육아 끝! 헌데 몇 가지 예외는 있어.
명절이 껴도 배려 육아 꽝! 생리 기간에도 꽝! 부부싸움 해도 꽝!
돈 문제 생겨도 꽝! 모임 나갔다가 와도 꽝꽝꽝!
도대체 그럼 언제 애 예뻐하느냐구?
온도 적당한 봄, 가을이어야 하구, 명절 비켜 가고
생리 기간 아니어야 하구, 남편은 월급이 좀 올라서 사이 좋고
잠 푹 자고 일어나 육아서 좀 읽은 어떤 날.
그런 날 배려 육아하는 거야.
그런 날은 애 사랑 통장에 저축 이빠~이 하는 기분으로
쪽쪽 빨고 부비 대고 실컷 나가 놀아주고

책 목 터질 때까지 읽어줘야 해.
욕심 좀 부려서… 그때 저축한 사랑으로 1년 버티는 거야.
여름, 겨울에 통장 잔고 다 빼먹거든. 마이너스만 안 만들면 돼.
엄마도 사람인데 어떻게 1년 365일 잘하니? 그게 사람이야?
그것도 사랑 제대로 못 받고 자란
'국가공인 내적 불행 자격증 소지자'들인데…
나의 취약함과 부족함을 완벽하게 인지하고 받아들이는 게
육아의 시작이야. 완벽한 엄마를 내려놔야 해.
안 그럼 애도 죽고 나도 죽어.
특히나 나처럼 시월드 합체 모드의 삶에선 수시로 맞닥뜨리는
위급 상황들로 인해 절대 평정심을 유지할 수 없다구.
그런 날 그냥 받아들였어. 인정해주고 위로해줬어. 내가…
그러니까 진정한 사랑이, 배려가, 눈빛 읽기가 가능해지더라.
참 우끼지?

'사랑 통장' 관리 잘하자. 그럼 돼.
저축할 수 있을 때 최선을 다하고
빼먹더라도 좌절하고 자책하지 말자.
사과하고 눈물 닦고 다시 채우면 돼. 열심히.
컨디션 따라줄 때 뜨겁게 잘해주자고.
그래서 봄·가을 육아야. 하은맘 육아는…
할 만하지?

영국편지의
저주

나에겐 5권의 '영국편지 노트'가 있어.

왜 영국편지냐구? 다 내용이 똑같거든.

날짜도 연도도 다 다른데…

그거 기억나지? 중학교 때 편지나 메일로 받았던…

'영국에서 300년 전부터 전해 내려오는 이 편지를 너의 가족,

친구들 77명에게

전달하지 않으면 가문의

저주가 내려질 것이드아

~~~'

똑같은 편지. 그거 내가

하은이한테 허구한 날 줬거든.

오늘 하은이에게 가장 큰 화를 냈다.
그러지 말았어야 했는데…
그 말은 퍼붓지 말았어야 했는데,
애 잘못은 하나도 없었는데 내가 피곤해서 그런 건데
그 어린것 마음에 상처를 있는 대로 줬으니…
내가 죽일 년이지. 하은아 미안해. 엄마 용서해줘.
다시는 안 그럴게.

하은이가 두 살이었을 때 쓴 거, 세 살에 쓴 거, 네 살,
다섯 살에 쓴 거… 다 똑같아.
나 바보야?
어떻게 정규 교육을 받은 년이 그리 똑같은 짓을 또 저지르고…
똑같은 편지를 또 쓰고 앉았던 거야? 쪽팔리지도 않아?
지가 좋~다고 산 책 읽지 않는다고 애 잡고
편지 써~ 지가 좋~다고 물감 놀이 시작해놓고
붓만 쪽쪽 빨아먹고 있다고 지랄하고 애 잘 때 편지 써~
지가 심심해서 엄마들 모임에 애 끌고 나가서
앉아라, 뛰지 마라, 뺏지 마라, 쥐 죽은 듯이 가만 앉아 있어라
쳐 잡고 미안해서 또 써~

남편이랑 싸운 건 난데 애 잡아.
자꾸 넘어진다고, 얼굴 탔다고, 이 안 닦는다고 넌 도대체 왜
그 모냥이냐고 X지랄을 떨다가 애 철철 한 시간을 내리 울리고
꺽꺽대다 지쳐 꽥! 꼬꾸라져 잠든 애 앞에서 순간 정신줄 돌아와.
'나는 누구인가, 여긴 또 어디인가~?' 하늘 향해 외치다가
그 상처 받을 대로 받은 쪼끄만 영혼이 넘 가엾어 혼자 가슴
쥐어뜯으며 눈물로 적어 내려간 사과의 편지들이 노트 5권이야.
그 편지 쓸 때의 마음은 딱 하나였어.
'난 정신병자구나. 정상이 아냐. 이건 미친눈이지
정상적인 정신을 가진 사람이 도저히 이럴 순 없는 거지.
그냥 혀 콱 깨물고 죽어 버릴까? 그럼 저 까꿍 아가는 누가 키워.
이럴 거면 왜 낳았을까? 이렇게 상처 주고 괴롭힐 거면
왜 낳은 걸까. 난… 그냥 낳지 말고
혼자서 살 걸. 아이구 하은이
불쌍해. 갸가 무슨 죄야.
저리 예쁘고 사랑스런 아가
다른 엄마한테 태어났으면
더 큰 사랑받으며 혼나지 않고
컸을 건데…
미안해 하은아. 정말 미안해.
너무너무 미안해…'

그렇게 써도 써도 끝나지 않는 네버엔딩 대 좌절

편지를 쓰고 또 쓰다 새벽녘을 맞이했던 숱한 나날들…

얼마나 힘들었던지, 얼마나 고통스러웠던지…

차라리 남의 집 허드렛일을 해주며 사는 게 낫지.

공장 취직해 시다일 하는 게 낫지 싶구…

부끄럽고 쪽팔리고 죄스러워서 애 아빠라도

볼까 봐 침대 밑에 감춰가며 하은이한테만 보여줬었어.

그렇게라도 아이에게 사죄하지 않으면

그 토사물과도 같은 마음이 나를 온통 뒤덮을 것 같았고

쓰지라도 않으면 죽을 것 같았거든.

쓰고 읽어주고, 녀석 앞에 무릎 꿇고 사과하고…

'엄마가 미안해. 하은이 네 잘못 아니야. 엄마가 잘못했어.

밥 못 먹어서 힘들어서 그랬구. 엄마가 엄마 몸 관리 잘 못해서

그랬어. 미안해 하은아. 이제는 안 그럴게.'

그래. 난 그때 힘들었던 거였어. 그것뿐이었어.

내 돼먹지 못한 약하디 약한 '육아 체력'으로 이것, 저것

욕심껏 하려다 보니 과부하가 걸린 거였고

착한 엄마, 자상한 엄마 코스프레 열나게 하며 참고 참다가

압력솥처럼 빵~! 하고 폭발해버린 거였어.

녀석에게… 너무나 사랑하는 내 천사에게…

절대 그러지 말아야 할 내 보물 같은 자식에게…

내 감정의 하수구, 내 스트레스의
쓰레기통. 하은이였어.
나의 엄마의 그것이 나였던 것처럼…
사랑받지 못한 어린 시절을
보낸 여자가 엄마가 되면
얼마나 위험하고 험난한 일을
겪게 되는지 미리 알았었다면 난
애 낳는 일… 차마 엄두도 못 냈을 거야.
허나 그 공포스런 과정을 몰랐었기에 녀석을 낳았잖아.
녀석에게 미치도록 미안하지만 그래도 녀석을 만난 거잖아.
이렇게 내 곁에… 내 눈앞에 눈 맞추고 뽀뽀하고 껴안을 수
있는 거잖아. 지금은 식탁 옆 책장에 꽂혀있는 영국편지 노트를
펼쳐 들 때마다 감사해.

이거 덕분에 지금의 하은이가 있는 거구나.
이거 덕분에 내가 죽지 않고 살아낸 거구나.
이렇게라도 내 쓰레기 같은 복잡한 감정의 소용돌이를 쏟아내지
않았더라면 그 시절을 어떻게 견뎌낼 수 있었을까?
고마워 하은아. 그 말도 안 되는 무한 반복되는 엄마의 사과 편지
들어주고, 읽어주고, 받아주고, 용서해줘서…
그 독한 말과 사악한 눈빛과 저주스런 협박을 당하고도
아무 일 없는 듯 엄마의 죄를 사해주고 안아주고

뽀뽀로 화답해주어서… '배려 깊은 사랑'이 뭔지
가장 잘 알고 있는 사람이 바로 하은이
너였어. 존재 자체로 엄마를 사랑해주는 유일한 사람도 너였고,
내가 그토록 찾아 헤매던 멘토가 너였다니…
녀석도 내가 그토록 쓰리게 했던 순간들,
눈빛, 상처 되는 말들…
기억에서 지우진 못해.
다만, 덮더라.
내가 자기를 얼마나 사랑하는지 아니까
그 뜨겁고 서툰 사랑으로 덮어. 상처를…
엄마의 애씀을 알기에…
그것만도 나는 더 바랄 게 없네.
고마워 아가. 사랑해 하은아…

유머 육아,
해볼 텐가~

워처켜… 쪼매난 까꿍 하은이
워디 간 겨~?
시간이 왜 나만 빨리 가?
누가 내 시계에만 엔진 오일
쳐발라 논 겨~!!
그니께 육아 힘들다고
징징대고 나발이고 할 시간이 읍써.
물론 힘들지. 애 키우는 거.
특히 까꿍이 육아는…
외롭고, 답답하고, 피곤하고, 드럽고, 찌질하고, 그지 같고,

졸리고, 서럽고, 억울하고, 미치겠고, 돌겠고, 욕 나오고…
천 가지라도 숨도 안 쉬고 얘기할 수 있어 나…
육아의 힘듦에 대해 논문도 쓸 수 있다구…
그 덕에 하은이만 죽어났잖아. 미안하게. 씨…
근데 에라이~ 모르겠다~ 죽기 살기로 하다 보니
이거 원 징징대고 불행해봤자 나만 손해더라구.
어차피 거쳐 가야 할 큰 강. 피해갈 수도, 남에게 부탁할 수도,
모른척 할 수도 없는 여자 인생의 가장 큰 강,
아니 바다… 반드시 직접 헤엄쳐 건너야 할
인생의 바다더라구. 육아라는 게…
니미… 제대로 함 해봐야겠어. 어차피 이리된 거…
초반에 바다 수영 빡씨게 배우고 공부하고 연습하고 훈련해서
즐기며 건너야겠다는 생각이
어느 날 갑자기 뇌리를 쫙 타고 올라오는 거야~!
근데 알아야 즐겨지더라구. 공부가 그렇듯, 일이 그렇듯…
육아가 능숙해져서 손에 익어야 여유도 생기고
느긋함도 생기면서 즐겨지는 거더라고…
그래서 열나게 공부했어. 육아라는 그 써글 노무 '학문'을…
밤새 책 읽고 컴퓨터를 봐도 육아에 관해서만 쌔빠지게
검색해서 프린트하고, 온 집안에 붙여놓고, 외우고, 적고…
머리가 나빠서 남들보다 두 세배는 봐야 깨달아지고 외워져서

더 쎄빠지게 들춰보고 또 적고 붙이고 반성하고…

그래도 잘 안 돼. 이게… 멍청이같이…

그래서 맘먹고 한 게 바로 '웃는 거'였어.

계속 웃어. 안 웃겨도 웃어. 그냥.

사람이 행복해서 웃는 게 아니라 웃어서 행복한 거라는 글

어디 책 귀퉁이에서 주워듣고는 바로 막 해봤어.

내가 어린 시절 설움과 핍박 많이 받고 자란 놈이라

무표정으로 있으면 얼굴이 썩어 보여.

사회에 대한 불만 많은 얼굴. 느낌 오지?

그래서 좀 웃어야 봐줄 만해.

그런데 그걸

알면서도 잘 안 돼. 그게.

그래서 죽어라 연습했어.

이 웃음 지켜주려고 정말

안 해본 게 없었어.

저 코까지 찡긋~하는 하은이 눈웃음

망가뜨리지 않으려고 밤마다 졸리고 피곤하고

삶의 고단함이 올라와 얼굴이 굳어갈 때마다 맥씁도 타 마시고

더 이상 못 견딜 땐 카스도 머그잔에… 티 안 나게…

조 도토리 같은 녀석의 맑은 웃음. 저 힘으로 견뎠던 것 같아.

내가 한 번 웃어주면 녀석이 열 번은 웃어줬거든.

복리야. 완전. 복복리…

둘이 맨~날 싸돌아다녀도 심심하지가 않았어. 의미 없는 농담
따먹기 맨날 하고, 간판 보면서 말장난 열라 하고,
누가 누가 우스꽝스러운가 내기하고…
어릴 때는 애랑 몸으로 놀아주는 게 '유머'야.
애들은 정신과 몸이 같이 가거든.
몸으로 느끼는 사랑이 더 크게 다가가고 뿌리 내려.
좀 과하게 나댈 땐 애가 좀 쪽팔려 하기도 해.
엄마 좀~ 그러지 말라구…
그래두 그렇게 망가지며 애와 뒹굴다 보면 애가 말이 늘고
몸이 재지고 스스로 할 수 있는 게 늘어나.
그럼 난 주둥이만 놀리며 체력을 보충할 수 있는 시간이 많아져.
입만 나불나불~ 나 그거 되게 잘해. 애가 뭐라 뭐라 그러면
무조건 대꾸해줘. 막 우끼게… 바보같이…
채신머리? 그딴 건 난 몰라. 아랫집 고양이가 물어갔어.
애랑 농담 따먹기 하느라 하루해가 짧아져.

자존심을 건드리지 않는 유쾌한 농담,

감탄과 탄성이 버무려진 대꾸,

꼬리에 꼬리를 무는 녀석과의 말장난,

어렵고 딱딱하지 않은 우스꽝스러운 세상 이치 이야기.

밥상머리에서, 베갯머리에서, 차 안에서, 방바닥을 뒹굴 거리며,

아이와의 교감과 사랑 나눔은 얼마든지 가능해.
난, 애미의 맘속이 시끄럽지 않고 여유롭고 느긋해야
유머고 나발이고 나오는 거거든.
머릿속도 좀 차 있어야 후지든 고급이든
재치 있는 농담이 나오는 거구.
그래서 애미가 책을 읽어야 하는 거라구. 미친 듯이…
학위 따려고 책 읽는 거 아니고
'영등포구 독서상' 받으려고 책 들이 파는 거 아냐.
나… 애 좀 더 예뻐하려구.
몸이 늙응께 몸으로 더 놀아주기에 힘이 딸링께
주둥아리로라도 애 더 받아주고 들어주고 품어주려고…
아 소름 돋아. 저 눈빛, 저 입매, 장난기 가득한
불그레한 볼… 아…
더 많이 받아줬어야 해.
녀석이 정신 나간 애처럼 굴면 난 더
미치광이 여편네처럼
장단 맞춰줬어야 해.
누가 보면 미친년들이라 손가락질할
정도로 더 지랄 거리면서
다니지 못한 게 한스러워.
애 발광하는 거 더 허용해주지

못한 게 너무 미안하구…

더 많이 읽을걸. 더 미리 깨달았으면 좋았을걸.

육아에서 가장 중요한 게 '많이 웃게 하는 거'야.
그 깔깔거리는 웃음이 녀석 마음의 비료가 되어
감성의 싹을 틔우고 그 싹이 좋은 인성이 되고
안정된 정서가 되는 거더라구.

공부도, 관계도, 삶도 모두 마냥 즐거운 아이…

인생 뭐 읍써. 얘들아.

눈치 보지 말구 우끼게 살아. 유쾌하게.

대신 뜨겁게. 애쓰며… 누구에게도 캥김 없이…

그러는 와중에 괜히 깝치는 것들은 개무시해.

오케바뤄~~?!?!

그만하자. 그냥 내 애만 바라보며 가자. 제발.
내 자식의 눈빛만, 몸짓만, 야물 거리는
사랑스런 입매만 바라보며 키우자.

책육아도, 영어책육아도 원리는 너무 쉽게 간단해.
꾸준히 하는 게 어려운 거지.
꾸준함을 이길 수 있는 건 이 세상에 아무것도 없어.
가랑비가 바위를 결국 뚫었잖아.
오래 걸려서 그렇지. 제발 뚫게 좀 놔두자.
꽃처럼 피어나야 할 우리 아이들,
제발 사교육으로 목 조르지 말고 훨훨 날게 놔주자.

내가 사주고
내가 지랄해

녀석은 잘못이 한 개도 읍썼다.

5박 6일을 최저가 검색해서 사준 볼 텐트.

왜 무섭다구 안 들어가느냐구 우는 애 억지로 집어넣으며
내가 지랄했었어.

휴지, 신문지, 밥그릇 가지고 잘~ 놀고 있던 애한테…

친구 따라 50%에 산 블루개 니트 지가 입혀놓고
짜장면 묻혔다고 족쳤드랬어.

물려받은 내복 입힌 날은 포도즙을 흘려도 내버려뒀을 텐데…

두뇌 발달에 좋다고 즉흥적으로 공구 때 산 텔레토비 퍼즐…

딴 애들은 50피스짜리도 단숨에 맞춘다는데 넌 왜 여섯 조각도

헤매고 자빠졌느냐구 자근자근 잡았었어. 내가…

이마트 놀러 나갔다가 같이 간 엄마들 우르르~

다 사길래 같이 산 백설공주 원피스…

내가 사주고 왜 만날 그 옷만 입느냐고 개지랄을 떨었었다.

안 샀으면 안 혼내도 됐을 애를…

이마트 안 갔으면 사지도 않았을 공주 원피스,

괜히 기어나가서는…

엄마 옆에서 그냥 빵칼 주고, 과도 주고

오이나 자르라고 하면 될 것을

괜히 또 소근육 발달시킨답시고

옥시장, 쥐시장을 50시간쯤 뒤져

과일 자르기 세트 사서 넣어주고…

김밥 조각 어디 갔느냐고 호박 가운데

부분은 왜 자꾸 없어지느냐구 괜히 애를 잡았었어.

뽀로로 인형은 왜 사줘서는 왜 자꾸 입으로 빠느냐~

왜 자꾸 업어 달래냐~ 뽀로로 인형 안경 안 벗겨지는 건데

왜 자꾸 벗겨 달라고 하냐며 짜증 있는 대로 내구

자빠졌었는지…

그리고 두유… ㅇㅇㅇㅇㅇ~~~~~

그 두유곽 때문에 얼마나 많이 애를 울렸던지…

안 사줘도 될 걸 괜히 사주고는 뿍~ 눌렀다구 지랄~

빨대 꼈다 뺐다 장난친다구 지랄~
뿍~ 누르지 못하게 하겠다구 두유 전용 손잡이 컵 찾아
오만 시간 폭풍 검색… (화상아~~~! 죽어 그냥~!!)
지나고 보면 애 울렸던 일 대부분이 애가
나를 그냥 힘들게 한 게 아니라 내가 괜히 보고 혹~해서
사 놓고서 그게 발단이 돼서 결국 사단이 났던 거다.
아무것도 사지 마. 이미 샀으면 아끼지 마. 아끼다 똥 된다.
장난감은 애들의 무덤이란 말… 사실이었어.
장난감은 돈 주고 사는 게 아니었어.
장난감은 '제품'이지 진정한 놀잇감이 아냐~
완성품이 없는 집 안 물건이 최고의 놀잇감이지.
괜히 사주고 괜히 애 잡고…
괜히 사 입히고 괜히 애 울리고…
괜히 나가서 괜히 애 서둘게 하는 일…
이제 그만두자. 해볼 만큼 해봤잖아.
너님도 알고 나님도 알고 귀신도 알잖니.
나가면 사게 돼. 나가지 마. 나가더라도 백화점, 마트
쪽팔려서 못 들어가게 후지게 입고 나가.
아디다스 삼선 쓰레빠 직직 끌고~
컴퓨터 켜지 마. 스마트폰 열지 말구. 보면 사게 돼.
그게 우리네 인생의 본능이거든.

애들은 타고난 천재들이라 아무것 없어도 기똥차게
놀거리를 찾아내.
그렇게 자라야 나중에 커서도 소비로
행복을 찾으려는 후진 인간이 안 되는 거라구.
스스로 맨땅에서 놀거리를 찾아내고,
가진 게 없어도 작은 것에 감사할 줄 알고,
'무'에서 '유'를 찾아내게 돼 있어.
그게 바로 창의력이야. 행복력이구…

안 사준다고 내적 불행 안 생겨. 걱정하질 마셔.
애초에 집구석에서 놀이터에서 눈빛 맞추며 놀면 몰랐을 애한테
TV 틀어주고 스마트폰 쥐어줘 알게 한 엄마 잘못이야.
그걸 애 눈에 띄게 만든 엄마 잘못이구.
돈 지랄로 애 망가뜨리고 있는 토이저래써 뺑~까는 동창네 집
애 데리고 놀러 간 애미 잘못이지.
애는 죄 없어. 잡지 좀 마. 애는 원래 흘리고 떨어뜨리고 부시고
망가뜨리고 씹어보고 핥아보고 넘어지려고 태어난 거야.
그러면서 세상을 알아가라고 하나님한테
미션 하달받고 내 배 속에 온 거더라고…
비싼 거 사준 내가 문제야.
그걸 빨리 깨달아야 편안한 육아가 가능해.
있는 그대로의 아이의 눈빛이 보이구…

그나마 초장에 깨닫고 반성하고 사과해서
하은이 이만치 자란 거다. 으휴…
이거 봐. 저 샤넬 같은 얼굴을 후진 중국산 짝퉁으로
가리려 했어. 내가…
저 까르티에 같은 포동 귀여운 어깨
와 손에 저질 제품들 쥐어주고
눈물 흘리게 했었구.
저 물려받은 종잇장 같은 꽃 나시
입은 까꿍 하은이의 웃음이
얼마나 럭셔리하니…
보이지?

내 자식만 띨띨해

3~4세(18~38m) = 미친 반항기

5세(37~48m) = 잠깐의 황금기

6~7세(49~60m) = 또라이 무법자 시기

8세(60~72m) = 삽시간의 천사기

사천만의 아이들이 모두 다 거쳐 가는 요 생리적·심리적 발달단계를 인지하고 완벽하게 이해하지 못하면 육아가 생지옥이 돼.

'이 녀석이 갑자기 왜 이래~~?'

'집에선 안 이러는데~ 왜 갑자기~?'

'이게 미쳤나? 아~ 쪽팔려~ 사람들 다 보는 데서~~'

이런 생각이 든다 싶으면 어김없이 내 자식이 반항기 아니면
무법자 시기를 거치고 있는 거다.
말도 오지게 안 듣고 젤 꼴비기 싫은 짓만 골라서 하고 앉았어.
반항기 시절엔 온종일 "싫어! 내 꺼야! 저리 가! 엄마 미워!"
무법자 시절엔 "아니거든~! 흥! 몰라! 엄마 없어졌음 좋겠어!
내가 안 그랬어! 됐거든~!"
아주 그냥 등본에 잉크도 안 마른 것이 주둥이만 살아서는
애미를 능멸해.
말 못할 때는 귀엽기라도 하지 아주 가관이야.
중요한 건 태교를 잘했건 못했건, 사랑을 무진장 퍼부어주면서
키웠건 아니건, 간디의 자식이건 마더 테레사의 자식이건 간에
반드시 반항기와 무법자 시기는 거친다는 거야.
그게 자연의 이치이고 우주의 원리야.
중요한 건 그 미친 짓이 너무나 정상적인 발달 과정이기 때문에
모두 다 받아줘야 한다는 거야.
십이지장에서부터 뜨거운 것이 치받아 올라도 참아야 해.
무. 조. 건!!!
그 말은 곧 그 시기엔 누굴 만나면 절대 안 된다는 거지.
특히 18개월에서 36개월을 건너가는
미친 반항기 시기엔 더더욱~!
애가 발광을 해싸도 집에선 그냥저냥 성령의 힘으로

넘어가 줄 수 있거든.

애새끼 또라이 짓에 욱~하고 올라오면 그 순간 잡히는

육아서 한 장이라도 씹어 삼키며 허벅지 찔러가며

참을 수라도 있잖아. 근데 나가면 말짱 꽝이야.

배려고 나발이고, 공감이고 나발이고…

'이 쉑히~가 애미 쪽팔리게 고따구로 씨부려?'

'왜 뺏고 밀고 눈 흘기고 지랄이야~?

내가 집구석에서 저따구로 애 가르치는 줄 알 거 아냐~

아~놔~씨…'

처음에는 예쁜 말로 하다가, 눈에 힘주고 얘기하다가,

목소리 굵게 훈계하다가 급기야는 그 집 화장실에 손 끌고

들어가 복화술로 애를 조져버리고 자빠졌던 나…

(애 지금껏 심장마비 안 걸리고 살아있어준 게 고마울 뿐…)

그깟 내 체면이 뭐라구, 남 시선이 뭐 그리 중요하다고 그보다
사천오백 배는 중요한 내 자식의 내면을 상처 내고 할퀴고
겁주고… 결국은 내적 불행이라는 깊은 상처를
곱~게 수놓아 주고 앉았느냐고…
우라질… 애는 그냥 지 생각이 있었던 건데…
자기가 생각하는 순서와 규칙과 시선이 있었던 것뿐인데…
녀석의 시선이 아닌 내 시선으로, 내 사고에 의거해 훈계하고
가르치고 꾸짖고… '훈육'이라는 개뼉다구 같은 명분으로…
저 아이가 얼마나 힘들게 나에게 왔는지는 홀라당 잊은 채…
그동안 육아서는 똥꾸녁으로 읽은 거냐구.
항상 깨어 있지 않으면 안 되는 고도의 집중력과 자제력을
요구하는 게임이 육아야.

잠시라도 정신 줄을 놓으면 미친눈 변신하는 데
0.1초도 걸리지 않는 헝거 게임.
나름 지성인이라 생각하고 살았는데
내가 짐승만도 못하다는 걸 깨닫는 새드 게임.
11년 산 작은 아이가 40년 넘게 산 애미보다도
낫다는 걸 수시로 느끼는 빡치는 게임.
그 깨달음으로 인해 지금도 난 녀석만큼 많은 책을 읽어야
한다는 강박증이 있어. 마약 환자처럼 손 떨며 책을 봐. 수시로…
그만큼 넓어진 시선으로 녀석의 눈을 보면 안 보이던

녀석의 내면이 조금씩 조금씩 선명히 보인다는 걸 알게 됐거든.

피나는 연습과 훈련으로 다져진 공감과 눈빛 읽기.
독서와 실천을 통한 내 아이의 발달단계를 완벽하게
이해하고 넓은 시선과 가슴으로 품어주기.

이런 후진 나도 됐어. 절대 포기하지 말자.

오늘 안 됐으면 내일 다시 하면 돼.

인생 길어. 평균 수명 100살이야.

죽어라 보고 읽고 연습하자구.

그 '애씀'을 내 아이는 읽게 돼.

그 작은 가슴으로도… 반드시…

약이 필요해

하는 일이 사람 만나는 일이다 보니 이리저리 이동할 일이 참 많아.
그러다 보니 운전할 땐 수시로 지인들과 전화로 수다를 떨어.
대부분이 애 키우는 엄마들의 애 키우는 얘기들이지만
레퍼토리도 아주 다양하고 에피소드도 완전 스펙터클이야.
젖소 부인으로 빙의한 신생아맘들의 '나 죽네 쏭'
반항기 미친 아이를 키우는 맘들의 '니 죽고 나죽자 쏭'
초등 직전 아이를 둔 왕 불안맘들의 '나 어떡해 쏭'
학원 뺑뺑이 열라 돌리는 초딩맘들의 '돈 지랄 쏭'
윗동네 깡패보다도 무서운 사춘기 아이를 키우는 맘들의
'다~ 필요 없더라 쏭' 등…

한참 맞장구치고 공감하고
욕해주다 보면
한 30분이 훌~쩍 지나가.
그러면서 마무리 멘트는 항상
"언니~ 자세한 얘기는
만나서 하자~!" -_-;;;
정말 배운 놈이나 못 배운 놈이나,
있는 놈이나 없는 놈이나,
애미 노릇이 젤~~~~ 힘들다 그래.
다들 힘들어 죽어가. 매일이 다이 다이~
내가 진짜 천재 과학자라면 애 키우는 엄마들을 위한
신약 한 번 제대로 개발할 거야.

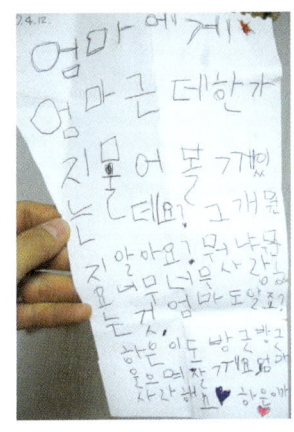

잠 죽어라 안 자는 신생아맘들을 위한
몸에 전혀 해롭지 않은 '신생아용 수면제'
욱~! 하고 치밀어 오르는 화를 순간적으로 잠재울 수 있는
'급 승질 억제제'
집에 들어오자마자 소파, TV, 리모컨과 3종 합체되어버리는
남편노무스키를 쳐죽이지 않고 평정심을 유지할 수 있는
'순간 신경 안정제'
그해 노벨상은 내 껄 꺼…
애 낳아서 잠 죽어라 안 자는 애 안고 어르다 지쳐

울다 잠들어 보지 않는 사람은 말을 하지 말라~!
밥 떠먹여 주면 입에 물고 제사 지내고 앉아 있는 자식 내미를
봐야 하는 그 울화통 치미는 상황을 마주 대해보지 않는 자…
그 입 다물라!
한글 가르치다가 숫자 가르치다가
내가 내 애를 죽일 수도 있겠다는 순간적인 공포심에
사로잡혀 보지 않는 엄마 어디 있을까?
나는 더했어. 초강력 등어리~센서가 장착되어
바닥에만 등이 닿으면 죽어~라 울어대던 녀석.
18개월이 다 되도록 '쭈쭈 말고는 다 싫다' 단식 투쟁하던 녀석,
끔찍했던 반항기.
사내 녀석도 아닌 여자애가 끓어오르는 에너지를 주체 못해
엄마를 말 삼아, 미끄럼틀 삼아 종일 타고 다니던
미친 무법자 시기.
그 순간엔 정말 딱 죽을 것 같았어.
이 미친 좀비 같은 녀석이 내 고운 청춘을 평생 갉아 먹어
사부작사부작~ 늙어 죽을 것만 같았다구…
하지만 지금 생각해보면 그런 시간만큼이나
날 웃게 하는 순간들이 더 많았기에
지금까지 버틸 수 있었던 거더라구.
정말 쪼매난 애 하나를 어쩌지 못해서 만날 싸우고

다그치고 울리고 사과하고… 머저리같이…
그러다가 까꿍 하은이한테 이런 편지라도
한 장 받는 날이면 정말 쥐구멍에라도
기어 들어가고 싶었어.
아~ 놔. 진짜… 애가 나아.
애미보다…
생각해보니 항상 어둡고, 고민 많고,
내성적이고, 소심하고,
과묵한 이 애미를 웃게 하는 건 항상 녀석이었다.
내가 주는 것보다 더욱 더~ 많은 걸 돌려주는
수익률 아주 좋은 주식, 하은이주.

이제 보니… 하은이가 엄마의 '약'이었네 그려.

아들이라고 불행해 말고 딸이라고 교만해 말자

아들 엄마 손 들어 봐!
아들만 둘이라고? 어쨔쓰까나…
아니 전생에 뭔 죄를 지어서 아들을 둘이나 난 겨?
잠도 없어 걔들은… 걸어 다니지도 않아.
하루 종일 우다다다~ 뛰어다녀. 강시 알아? 강시?
올라가고, 매달리고, 땡기고, 넘어지고, 뱅글뱅글 돌고,
뒤집어지고, 물구나무서고, 다 부러뜨리고, 찢고, 적시고…
새벽에 잠깐 쪽잠 들었다가 개운하게 일어나 또 달려오고…
네버엔딩, 무한 반복, 죽지 않아. 절대 자지 않아.
오마이~ 갓김치…

하은이가 딱 그랬어. 조금도 틀림없이…
미끄럼틀을 단 한 번도 계단으로 올라간 적이 읎는 애야.
모래는 성 쌓고 두꺼비집 만드는 게 아니라 뿌리는 거였고,
시소는 백 번 정도 엄마랑 타고서는 시소 중간에 서서
미친애 같이 막~ 발을 굴러대.
저 짓을 밤 열 시에 수시로 한다고 생각해봐.
으아. 으아~ 무서웠어. 쟤 버리고 해외로 토끼고 싶었어.
엄마들도 모임에 하은이 나온다 그러면 빠지는 엄마들도
있었다니까~? 애가 하도 격해서.
지들 자식 상처 받을까 봐. 흑흑.
왜 나는 예쁘게 가만히 앉아 그림 그리고,
지 혼자 카드 갖고 놀고, 마론 인형 머리 빗겨주면서
조곤조곤 이야기하는 여자아이를 주시지 않은 건지…
정말 조물주와 맞짱 뜨고 싶었어.
멱살이라도 부여잡고 따지고 싶었다고!
왜~ 나에게 대체 왜~
나 늙어서 애기
낳았단 말이에요~
평생 착하게 살았잖아여~
남 피해 한 개도 안 주고 살았는
데 왜 나한테 이런 망나니 같은

에너지 폭발 미친 딸내미를 주신 거냐구요오~~!!
흐어엉~ 자고 싶어~ 쉬고 싶어~ 차 마시면서 수다 떨고 싶어~
공허한 메아리… 대답 없는 외침의 연속…
그래도 그나마 내 무릎팍에 앉혀 책 읽어줄 때가 살만했어.
젤 쉬웠고. 나에겐 쉬는 시간이었지. 목은 무진장 아팠지만…
만약 하은이가 얌전한 천상 여자아이였다면
책육아, 이렇게까지 열심히 하지 못했을 거야.
내버려두면 그냥 노는 애였다면…

인생은 정말 알 수 없어. 나에게 너무나 큰 고난이라
여겨졌던 것들이 도리어
전화위복의 디딤돌이 되는 걸 보면…

책이라도 안 읽어주면 애 저리 하루 종일 쳐놀다가
까막눈 될까 싶어 책 읽어줬고, 내적 불행 국내 최고 진상 작렬
애미 성질머리 고대로 닮을까 두려워 책 읽어줬어.
시간 맞춰 애 수업 데리고 다닐 기력이 없어서 책이라도 읽어줬어.
그 저주의 시간이 도리어 지금의 하은이를 만든 거야.
단언컨대 육아 성공 여부는 '유전 무관, 성별 무관,
외동·다동 무관, 빈부 무관, 부모 학력 무관'이야.
특히 책육아는 더더욱 아들이 이기는 게임이야, 알아?
책육아 성공의 관건이 '무식한 몰입'이거든.
아들은 태어나자마자 '자동차 책' 사주면 끝나. 책 친숙기 없이

바로 진입! 세 살쯤 되면 '공룡 전집' 때려 넣어주면 또 끝나.
책의 바다 바로 오는 거지. 그거만 죽어라 읽으며 한글 떼고,
그림 그리고, 만들며 책육아 꿈나무로 쑥쑥 자라.
대여섯 살 되면 '똥, 오줌, 코딱지, 트림, 방귀, 변기' 나오는 책
긁어모아 넣어주면 그거 또 빠져 살면서 읽기 독립되고
또 그리고 만들고 무한 반복…
그 몰입이 반복되면서 안 보던 다른 분야 전집으로도 몰입이
번져 들어가는 그야말로 'T자형 몰입 인재'로 거듭나는 거라고…
딸? 쳇… 빠지는 게 있어? 자동차? 공룡? 나도 푸름 아버님 따라
아파토사우루스~ 마트사우루스~ 말놀이하고 싶었다고~
그런데 애가 빠지질 않는데 어쩌겠냐구…
자연 관찰은 징그럽다고 거부해~
백과사전은 공주가 안 나온다고 거들떠보지도 않아~
아 놔~ 푸름이는 여섯 살 때 백과 전집을 감수봤다는데
얜 뭐니~?
하은이는 미친 듯이 빠져드는 분야가 없어 정말 애간장도 많이
태우고 좌절과 포기의 줄타기를 수천 번도 더했었다고.

중요한 건 딸이니 아들이니 하는 문제가 아냐.

진달래는 진달래라서 예쁘고

개나리는 개나리라서 예쁜 거야.

내 자식이 부족해 보이는 엄마의 시선이 문제인 거지.

내 자식 하나만 보지 못하고 인터넷 속 영재들이랑 비교하고
답답해하던 내가 문젠 거야. 보지를 말아야 해.
내가 동기부여 받고 도움받는 것으로 그칠만한 인격의 소유자가
아니라는 걸 빨리 깨달아야 한다고. 그래야 내 자식이 살아.
아들이었어도, 딸이었어도…
내가 다른 누군가와의 비교를 내려놓지 않는 이상
육아의 행복과 만족은 절대 손에 쥘 수 없어.
자, 솔루션 나간다.
오늘부터 아들 엄마들은 딸 엄마들이랑 절교하고 폰 번호 지워.
딸 엄마들도 마찬가지고.
아니 그냥 만나지를 마. 그게 상책이야.

그리고 냉장고에 써놔. 이마에 써 붙이든가.
"아들이라고 불행해 말고~! 딸이라고 교만해 말자~!"

수영을 하려면
일단 닥치고 물에 들어가

물에 들어가라고~! 그래야 수영을 할 수 있는 거라고~!
백날 수영모 사고 수경사고 튜브 사고 오리발 사고 도구만
사 쟁겨 놓고 정작 물에 안 들어가면 말짱~꽝이야.
"어머~ '수영'이라는 세계를 처음 알았어요. 저도 이제 해보려고요.
애가 일곱 살인데 너무 늦지 않았을까요? 고민돼요."
- 물에 들어가! -
"하은이는 원래 태어날 때부터 수영을 좋아했던 것 같은데
우리 애는 안 좋아해요. 억지로 하라고 하면 더 싫어하게
될 것 같은데 어쩌죠?"
- 물에 들어가~! -

"자유형(한글책)은 아기 때부터 꾸준히 나름 해왔는데
평영은(영어책) 그동안 수영 학원만 다녔거든요.
제가 자신이 없어서요. 지금이라도 학원 끊고
혼자 하게 하면 될까요? 불안해요."

- 물에 들어가! 평영이야 말로 혼자 해야 해. 더 쉬워. -

"하은맘이 사라는 물건들 미친 듯이 다 샀어요. 저 잘했죠?
이제 어떻게 해요? 물에 어떻게 넣어요? 괜찮은 수영장 족보 좀
알려주시면 안 돼요?"

- 물에 들어가라고~!! -

"애가 안 들어가려고 그래요. 어떡해요? 도구랑 수영장 이용권은
하은이가 해왔던 거 모조리 다 사놨는데 그냥 뒤에서 확~!
밀어버리면 되나요?"

- 그럼 애 기겁해서 다시는 안 들어가려고 하지! 네가 먼저
들어가라니까! 엄마가 먼저 물에 들어가서 선선히 노는 모습을
보여줘야 애도 들어오지~ 까똑, 밴드 끊고, 휴대폰 검색질 그만
좀 처하고, 네가 먼저 물에 들어가라고~!!-

……

왜들 이래~? 왜 이렇게 감이 떨어져.

'육아의 촉'을 세우란 말이야.

수영을 하려면 물에 들어가야 죽이 되든 밥이 되든
허우적~ 거리면서 뭐라도 되지! 왜 같이 안 들어가고

물건들만 사 쟁겨 놓고 주변에 엄마표 수영하는 애들 한 명도
없다고 징징거리고들 있는 건데~? 주변에 원래 없다니깐~!
나 때도 그랬고 지금도 그렇고 앞으로도 그럴 거라니깐~
다들 김연아 따라 스케이트 타고 있지 수영은 안 한다니깐~
박태환처럼 미친 듯이 홀로 외로이 수영장에서 물살을 가르는
엄마와 아이 별로 없는 게 이 나라야. 세상이 원래 그래.
물에 들어가면 죽을 것 같거든.
애미들이 할 줄 모른다고, 자신 없다고…
전문가에게 딴 거 맡기고 이리저리 문화 센터, 학원, 놀이 학교,
학습지, 방문샘 수업시키느라 애가 물에 풍덩 빠져서
허비적대면서 멍청이같이 물놀이할 시간이 없어.
1분도 없어. 원래 수영이라는 게 시간이 처남아 돌아야
지들 스스로 해보면서 깨우치는 거거든.
멋진 수경에 수모에 오리발에 튜브에 하은이가 10년에 걸쳐
맨몸 수영하다가 자연스레 필요해서 입게 된 전신 수영복까지
애한테 처 입혀놓고 왜 넌 하은이처럼 수영 못하느냐고
지랄하면 어떡하니?
애가 뭔 죄야. 하은이는 수경도 수모도 읍씨 했다니까.
그지 같은 개울물에 걍 집어넣고 나도 같이 들어가서 찰방찰방~
물장구치며 같이 놀았더니 어느 날 소리소문 없이 하고
앉았더라고. 하는지도 모르게…

하은이만 그런 게 아니야.
모든 애들은 원래 태생부터 수영을 좋아해.
아무런 장비 없이 수영장에 던져봐. 물개처럼 수영해.
눈도 떠. 나비처럼, 새처럼… 그 물과 하나가 돼.
8개월짜리면 더 좋고 6개월 아가, 아니 태어나자마자
집어넣으면 더 잘해. 겁나 좋아하면서. 엄마 자궁 속 같거든.
자유형이든 배영이든 평영이든 똑같아. (한글책이든 영어책이든)
특히나 하은이는 너무너무 척박한 바다에서 수영해온 애야.
남들 다 다니는 브랜드 수영장 한 번 가본 적 없고…
수영에 수경도 없이 시작했어. 튜브(독서대)는 필요도 없었어.
엄마의 따뜻한 품과 무릎이 넘 좋았었거든.
엄마랑 새벽 두시건 세시건 놀고 싶을 때까지 실컷 수영하면서
놀았어. 남들이 왜 새벽까지 애 안 재우느냐고, 애 키 안 큰다고,
눈 나빠지고 버릇 나빠진다고 지랄 지랄…
"애가 좋아해서요~"라고 목 놓아 얘기해도 안 믿고
뭐라 씨부려 싸면서 손가락질…
근데 시간 상관없이 고급 수영샘 수업 전혀 없이 싸디싼 수영장
개울물 찾아다니며 놀든지 말든지 내버려뒀어.
만날 "엄마도 들어와~!" 난리 치더니 네 살 넘어가고 다섯 살
넘어가니까 (읽기 독립되니까) 지 혼자 들어가서 놀고 싶을 때
막 놀더라고. 즐기면서…

행복하게 평화롭게 평영에 관한 책도 사줬더니

어느 날 지 혼자 "엄마 이거 봐봐~ 평영 돼~! 혼자서도 앞으로

막 나가져!" 하면서 혼자 깨우쳐.

유치원, 초등학교 거치면서는 배영, 접영도 지가 해.

남들 다~ 전문 강사한테 배워야 한다고 난리들인 것까지.

(수학, 과학, 논술, 미술, 음악, 체육, 말하기 등)

그리구 하은이가 수영을 스스로 잘할 수 있었던 비결은

바로 기초 체력 운동을 열~~~나게 해왔다는 거야.

'뻘놀이. 미친 듯한 놀.기.'

하은이는 종일 수영만 안 해. 두 시간 연속으로 하지도 않아 절대.

놀다가 수영하다 또 놀다가 수영하다 멍때리다 수영하다…

배고프면 밥 먹고 수영하다 처 자다 수영해.

그 미친 듯한 뻘놀이 할 시간 확보해주지 않으면

물에 들어가지도 않아. 놀이 없이는 애 죽어.

수영을 하게 하려면 일단 물에 들어가야 해. 엄마도 같이.

스케이트를 타게 하려면 일단 얼음판 위에
애랑 같이 서야 하듯이, 자전거를 타게 하려면
일단 꼬진 자전거 하나를 사서 애 앉히고
뒤에서 열라 밀어줘야 하듯이…
처음엔 세발자전거, 오랜 시간이 지나서 네발자전거,
그러다 보면 애가 어느 날
"엄마 뒷바퀴 떼 줘. 없어도 탈 수 있어."
라고 말하는 날이 와. 눈빛으로…
그 순간의 감격과 희열은 정말…
차준환 엄마, 손흥민 아부지 안 부러워.

군대 육아 10년 후,
하은맘의 편지 #2

애를 언능 군대 육아로
잘 키워놔야 하는 결정적인 이유

얘들아, 애 인생 길다.

우린 100살까지 살고, 하은이는 125살,

지금 까꿍이들은 140살까지 살꺼라구.

직업에 귀천 없고 다 귀하고 중허지만

이왕이면 아이의 '삶의 질'이 손상되지 않는

의미 있는 직업을 갖고 인생을 살게 도와주는 일.

그게 지금 우리가 도모해야 할 일이다 이 말이지.

애 꼭 똘똘하게 키워놔라.

애 중고딩 되면 애가 뭐야~ 애는 신경 쓸 정신도 없어.

양가 어르신들 치매, 암, 뇌, 심장병으로 턱턱! 쓰러지고

남편도 대사증후군 질환으로 병원 수시로 들락거리고

돈 문제로, 건강 문제로 애한테 신경 못 쓰는 일 허다해.

그 시기에 애는 자동 시스템으로 완벽하게

지가 알아서 돌고 있어야 돼.

안 그럼 파국이다~~!!

언니 말 뭔 말인지 니들…

애라도 잘 키워놓지 않으면 걍 Die야.

인생에 낙이 없어져.

애도 남편 새끼도 다 싫어지고 고생~고생~ 개고생하며 살아온

내 팔자가 너무나 덧없어진단 말이지.

그럼 안 돼잖아. 우리가 얼마나 열심히 살고 있는데.

인생에 먹구름은 느닷없이 드리울 수 있어.

그냥 버티는 것 말고는 도무지 다른 방도가 없을 때도 있고.

세상 이치가 원래 그렇더라고.

그럴 때 누구 한 놈만 죽어라 패거나 하지 않고

침착하게 찬찬히 평상시처럼 사고축 쏭(사랑해. 고마워. 축복해)

부르면서 슬기롭게 헤쳐나가고 그 사이사이

진정한 깨달음들을 얻어가며

아이와 함께 더더더 성장하면 되는 거야.

그게 가장 행복한 인생 아니겠냐?

기냐 아니냐~

PART 03
이등병

탈영하면 안 돼.
줄 간다!

책육아 본격적으로 시작이야~
긴장 빡~해!
퐈이야!

흔들리지 마!
새 세상이 열려

책육아로
똑똑한 영재 만들려는 사람, 나가!

공부 잘하는 애, 1등 하는 애 만들려고 책육아 하려는 사람은
딴 데 가서 알아봐.
머리 좋네~ 똘똘하네~ 영재 소리 듣게 하다가
명문대 보내는 게 목표인 사람도 관심 끄고…
책육아로 크는 아이들 미래, 학벌 눈여겨보고 왈가왈부할 사람도
어서 책장 덮으세요. 번지 잘못 찾으셨어요.
'책육아만으로 안 된다.'
'책 읽힌다고 다 하은이처럼 크는 거 아니다.'
'엄마의 극성 서포트도 때로는 보약이 되는 애가 있다.'
'내 친구 어린 시절 책벌레였었는데 열라 재수 없게 컸다.'

'한글 떼기, 읽기 독립, 초등 준비 좀 하게 족보 좀 알려 달라.'
족보 같은 소리 하네. 내가 무슨 다산 콜센터냐?! 얼어 죽을…
왜 지 새끼 무슨 반찬 좋아하는지
그걸 왜 낯선놈한테 묻는 건데?
이것저것 애미가 먹여봐야 지 새끼 식성을 알 거 아냐?
널린 게 반찬인데 왜 한 개를 콕 찝어 달래?
만약 지 새끼 입맛에 안 맞으면 우짤 낀데?
애 읽기 독립이 아니라 엄마 자신부터 읽기 독립 좀 하자.
어찌 내 블로그 글을 읽고도,
《불량 육아》를 읽고도 그런 말들이 나와?
다시 한 번 말한다. 똑바로 들어.
공부 잘하는 애 만들려고 책육아 하는 거 아니다.
영어 영재 만들려고 영어책육아 하는 거 아니고…

꼴등을 해도 당당하고 행복한 아이,

왕따를 당해도 내면의 밝음으로 인해

지가 왕따를 당하는지조차 모르는 아이,

자기 자신에 대한 넘치는 사랑으로

주변도 따뜻하게 돌보는 아이,

이르게든, 뒤늦게든, 자신의 재능과 꿈을 스스로 발견해

미친 듯이 몰입해 이루어나가는 아이.

하루하루를 똥개처럼 열심히 살며 행복해하는 아이.

그게 내가 책육아를 시작하게 된
결정적인 이유다.
그 때문에 내 의도로 아이의
꿈을 재단해 환경을
몰아가지 않았고 사교육,
영재센터, 특목 초·중·고에

관심을 기울이지 않은 것 또한 그 이유에서다.
타고난 특별함이 아닌 미친 다독으로 인한
녀석의 눈부심과 특출남에 나도 이리저리 많이 흔들렸고
가만히 있으면 안 될 것 같아 여기저기 기웃거리기도 했으나
그 기웃거림만으로도 애를 몰아치고 닦달하고 서두르게 됐다.
그로 인해 뾰족뾰족 튀어나와 있던 녀석의 똘끼 충만한
특별함의 싹이 모두 다 잘려나가 버렸다.
내가 그랬다. 바보 같은 애미가…
제일 후회되고 녀석에게 미안했던 시간…
외계인, 화성인 아닌 민간인 지구인 엄마인 난,
'영재 교육 뒷바라지'와 '배려 깊은 사랑' 사이의
균형을 맞추는 게 도저히 불가능한 눈이라는 걸 깨닫고
모든 걸 접고 내려놨다.

있는 그대로의 하은이를 다시 사랑해주고 감탄해주고
인정만 해줬다. 그러자 평화가 찾아왔다.

초등학교 들어가서도 맨날 그랬다.

"50점 맞아와도 돼. 하은아~ 엄마가 너 사랑하니까 됐어~!"

빵점 맞아도 된다고 할걸. 조금 더 쓸걸. 더 천국 같았을 건데…

'책 & 뻘놀이'

이 두 가지. 대충 알아낸 시스템 아니다.

애랑 나랑 피 철철 흘리며 온몸으로 깨달은 거다.

그 두 가지만이 서로 다른 아이들의 450가지 각각의 취향과
재능과 기호를 지켜줄 수 있고
그 싹을 망가뜨리지 않은 채 아이를 잘 키울 수 있는 거다.
또한 그 '잘 키움'의 목표가 영재, 특목고, 명문대는
더더욱 아니라는 거다.

엄마의 따스한 사랑이 베이스로 깔린 책육아 덕분에
언어와 눈빛이 남다르고 영어든 뭐든
거침이 없는 빛나는 아이로 커 나가는 건
꾸준한 책육아로 인한 기대 이상의 '선물'일 뿐.
그것 자체가 목적이 된다면 선물은 개뿔~!
책으로 애 잡고, 책으로 애 내적 불행 만들고,
이도 저도 안 된 낙동강 오리알 신세 못 면할 게다.
자, 눈 감고 가슴에 손 얹고 성찰해보자.
지금 나의 목적이 불순하진 않은지…
내 아이를 누구누구~처럼 키우려고 애쓰지 않았는지…
아이의 아웃풋에 일희일비하며
칭찬과 다그침을 반복하진 않았는지…
비교하고, 평가하고, 채근하고, 몰아가며
협박을 일삼진 않았는지…
지금 그러고 있다면 당장 때려쳐! 처음부터 다시, 다시~!!
내 아이에게 책을 읽히는 의미부터 다시 생각할 것!

길게 보고, 멀리 보고, 깊게 볼 것~!
속도가 중요한 게 아니라 '방향'이 중요하다는 걸 깨달을 것!
그거 된 사람만 책육아 시작~!
재고, 간 보고, 양다리 걸치고 흉내만 내려는 사람은 접근 금지.
'책육아 감시 전문 사이버수사대'에 신고할 것임.
심장이 쫄~깃해지지?
힘차게 달려 보라우요~!!!

이 구역 책육아 미친뇬은 나야

인터넷 키면 사천만 모든 엄마들이 책육아 하는 거 같은데
동네에 나가면 아무도 없지? 신비롭지?
그 엄마들 다 어디갔냐구?
청학동. -_-
이 구역 미친뇬은 나고, 그 구역 미친뇬은 넌 거야.
그냥 받아들여. 세상이 원래 그래. 친구 찾지 마. 전도도 하지 마.
맘 상하고 시간 날리고 결국 내가 내 입을 때려.
입을 닫자. 입을 닫아.
"책육아… 라는 게 있어요? 언뉘?" 하며
첨엔 굉장한 관심 표명할 거야. 우와우와~ 하며

칭찬 남발하고 추켜세워 이것저것 물어댈 거고…
아니 묻지 않아도 미리 예상 질문 뽑아내 알아서 대답해주고,
살 책들 알려주고 찍어주고 상담 자청하고들 앉았지? 그지?
해보니까 워때? 좋아해? 환장해? 그거 진짜 멋지고 아름다운
육아법이라며 그 엄마들이 칭송해줘?
흐흐~~ 한 달만 전도 생활해봐도 느낌 딱 오지?
아니다 싶고… 맘 버리고, 몸 버리고, 시간 버리고, 돈 버리고,
내 애 쳐잡고 만신창이인 채로 귀가하던 숱한 날들…
아… 생각도 하기 싫어. ㅜㅜㅜ
김구도 아닌 주제에 나라를 구할 것도 아니면서
책육아 전도 운동은 왜 하고 다녔던 건지…
애라도 좀 똘똘해서 증거가 돼주면 쫌 좋아~ 밤에 나랑 있을 땐
한글도 안 뗀 애가 좋아하는 책 다음 페이지까지 줄줄줄~ 외워
말하면서 천재 끼 뿜어대던 녀석이 딴 사람 앞에서는
왜 말을 안 하냐고~!
"너 그거 알잖아? 해봐~!" 하면 코딱지 후비고 머리카락 손으로
베베~ 꼬면서 병신 코스프레질이야 애가… 아~ 놔…
울 집에 놀러 오는 절친들, 동창들 모두
"어므나~ 집이 도서관이네~"
하며 깜짝 놀라는데 애가 후져 보이니…
책만 읽혀서 애가 사회성이 떨어지는 것 같다는 둥,

예체능이나 체험 활동 수업을 받지 않으면 애가 망가진다는 둥,
책만 읽히고 한글 빨리 떼면 그림을 안 보고
글자만 읽으려 하니까 상상력, 창의력이 발달하지 않아서
초독서증에 걸린다는 둥, 열라 겁만 주고 가니
그 친구 돌아가고 나면 정말 내 눈앞에 있는 하은이는 딱~
'초독서증에 걸린 사회성 제로의 성격 열라 이상한 애'였어.
영락없이…
그날 밤. 평상시와 다름없이 잠 안 자고 X지랄 떨던 하은이는
어찌 됐겠어? 안 봐도 비디오지?
흥미진진한 족침의 향연…
잘~하고 있는 우리 모녀 있는 대로 흔들어 놓고 간 고년이
문제였는데… 아니, 부러워서 고따구로 겁주던
일반 육아맘 친구를 집에 들인 내가 잘못이지,
책으로 놀이로 너무도 잘 자라주고 있던 하은이는
단 1g도 잘못 없었어.
그러다가 대여섯 살 넘어가면서 빛이 나는 녀석 보면서
또 뭐래는 줄 알아? 하은이는 원래부터 잘했던 애고
지 자식은 안 된대. 책 싫어한대.
책만으로 되는 애가 있고 안 되는 애가 있대.
강요하지 말래. 누가 언제 강요했냐고~!
니가 무슨 책 사야 되냐고 물어봤잖아? 이논아!?!

하지 마. 기웃거리는 순간 무너져 이 세계는…
아무에게나 전도하려는 순간 내 자식에 대한 사랑의 시선이
흔들리게 되고, 책육아보다 중요한 게 배려 깊은 사랑인데
그게 무너져버리면 죽도 밥도 안 돼버린다구.
"엄마가 나한테 해준 게 뭐 있는데? 책 읽어준 거 말고 날 진정
사랑해준 적 있어? 만날 화만 냈지~"라는 말 꿈에서라도 듣지
않으려면 어서 내려와. 친구 찾으러 다니지 말구.
나도 다 해봤어. 없어.
도리어 집에 브랜드 전집 휘황찬란하게 장식해놓고 사교육 뱅뱅
돌리는 엄마들 많을 거다. 그거 책육아 아냐.
책을 이용한 사교육도 병행하는 것뿐이지.
최악의 육아 방법. 애만 죽어나.
널널하게 시간을 줘야 애가 책을 읽지, 어디 애 델꼬 오고 가고
수업 돌리면서 어찌 책을 읽혀?!
그나마 애가 어릴 땐 제법 잘 따라와 줄 거다.
애도 어리고 착해서…
근데 절대 책이 물 마시기가 되고 공기가 되진 못하지. 암…
책읽기도 결국 공부처럼 느껴지게 돼 있거든.
목적이 불손했기 때문에…
놀이, 나들이, 체험 활동, 예체능 수업, 엄마표 놀이,
품앗이 활동 등 자체가 나쁘다는 게 아냐.

만나면 → 비교하고. 통화하면 → 확인하고.
모임 나가면 → 애 쳐 잡는 전자동 시스템이 항상
가동되기 때문이라는 거지.
그것 때문에 숱한 밤을 후회하고
미안해서 가슴 쥐어뜯어 봤잖니.
그만하자. 그냥 내 애만 바라보며 가자. 제발.
내 자식의 눈빛만, 몸짓만, 야물 거리는
사랑스런 입매만 바라보며 키우자.
양 눈가에 널빤지 대고 앞만 보고
달리는 경주마처럼,
잔다르크처럼 혼자서 가자.

서울대 안 나온
지구인 엄마의 책육아

교회 가면 주기도문, 절에 가면 반야심경,
군대 입대하면 복무 신조 외우듯이 책육아 하려면
알아야 하는 개념들과 함정들이 몇 가지 있어.
무식하게 전집 들여 더 무식하게 읽어주다 보면 자연스레
알아지는 깨달음들이긴 한데 그 와중에 느껴지는 답답함과
불안함은 완전 초특급이야.
언니가 몇 가지 맛보기로 알려줄게. 너무 상냥해? 사랑스러워?
그러라고 하는 거야.

책육아의 3대 함정

애가 밤에만 책을 봄

밝은 낮에는 미친개처럼 쳐 놀다가 밤 열 시만 되면 책을 가져와.
까꿍이 시절 내내 '성장 호르몬'이라는 개뼉다구 같은
고정관념과의 싸움이지.
허나 책육아로 크는 대부분의 아이들이 건강하고 단단하게
잘 커. 건강한 신체와 단단한 내면과 높은 자존감으로…

전집 60권 중에 지가 꽂히는 책 10권만 죽어라 반복함. 50권은 꽝!

나는 애미가 멍청하고 책 안 읽고 커 와서 그 이유 때문에
내 새끼가 그런 줄 알았어. 흑흑. 근데 몇 년 꾸준히 해보니까
애가 60권 중에 10권, 20권 반복해서 읽는 것도 대단한 거더라구.
전집의 모든 책이 지 취향일 리가 없거든. 하은이의 취향을
잘 모르는 나로선 싼 전집 사서 풀어주고 "네가 골라 읽어라~
나머지는 안 읽어도 돼" 전법으로 진행했어.
그랬더니 지금이 된 거야. 전집 순서대로 읽고,
반복하고 다음 전집으로 넘어간다는 여타의 블로그 글들은
서평단 선물을 위한 대공갈개뺑사기 리뷰임을
느낌적으로 느끼게 돼.

많~~~이 놀고 쪼끔 봄

푸름이는 밤새도록 쌓아놓고 책만 읽은 것 같은데 앤 읽다가
슬그머니 미끄럼 타고 그림 그리다가 재울라치면
"이것만 읽고 잘게"
미쳐, 미쳐~!
남편 쉑히는 애 놀게 할 거면 재우라고 지랄하고
애는 안 자고 재울라치면 책 읽어달라고 서럽게 울어대고…
이거 왜 이래~ 근데 그게 정상이었어.
원래 그렇게 밤에도 노는 와중에 책이라는 장난감이랑도
노는 거야. 그렇게 점점 책의 재미를 알아가면서
왕창 쌓아놓고 읽는 애가 되더라고.
그런 날이 와, 결국…

하은맘 책육아 4대 전문 용어

새 책 낯가림

새 책을 사면 한 두어 달은 거들떠보지도 않아.
지가 원래 좋아하던 책만 매일 읽어달라고 해.
딴 집 애들은 새 책 오면 "우와~ 새 책이다!" 하면서
박스 채 끼고 앉아 읽는다는데 녀석은 박스를 까고 가. 왜 샀네.
다시 팔아버리래. 슬쩍 좋아하는 책 사이에 껴 가도
기가 막히게 알아보고 치우래. 이거 아니래. 엠병.
미추어버리는 줄 알았어.
안 그래도 내가 전집 사는 거 전 인류가 반대하는 중인데
큰맘 먹고 산 전집을 애가 쳐다도 안보니 완전 엿 같은
기분이 들어. 애 잡기 딱 좋은 녀석의 책 취향. 아 놔~

솔루션 ·· 원래 그래. 인정해야 해. 조바심 들키면 더 안 봐.
기다려야 해. 티 나지 않게 원래 책들 사이에 껴서 스리슬쩍
재미나게 읽어주면서 낯가림 없애다 보면 한 2년 지나면 없어져.
안 없어져도 상관 없구.
지 취향이 아닌 건 3년 지나도 안 보더라구.
새 책 낯가림인지 녀석이 정말 싫어서 그런
건지를 알아채 가는 과정이 책육아의
스릴 만점, 빅 재미!

책의 바다

다른 때보다 유독 책을 많이 보는
시기. 미친 듯이 쌓아 놓고 보는
경우는 많지 않고 보통 놀다가
수시로 앉아 책 보고,
또 실컷 놀다 풀썩 주저앉아
또 미친듯이 책 보는 게 반복돼.
꼭 바람 빠진 풍선처럼 푸슉!
주저앉아 넋 놓고 책 본다 싶으면 책의 바다일 확률 99%.
권수는 중요하지 않지만 아이가 책책책~ 눈빛으로 말하는 게
엄마는 느껴져. 책육아 열심히 하다 보면 누구든 다 와.
윗동네 개도 와. 얕게든 깊게든.
일주일이 될 수도 있고 1년이 될 수도 있어.
요 때가 아이의 두뇌와 내면의 힘과 인생의 깊이가
달라지는 순간이야. 이거 땜에 내가 일 나가지 못한거구.
그게 눈에 보여서…

솔루션·· 엄마의 체력 관리에 만전을 기할 것!

주로 밤부터 시작해 새벽 두세 시까지 계속되는 경우가 많아서
엄마가 지쳐 나가떨어지는 게 바다가 오지 않는 주요 원인이야.
아이가 좋아할 만한 책 시행착오 겪어가면서 들여서 재미있게
읽어주고 실컷 놀게 해주고 읽어달라고 할 때 핸드폰 내려놓고,

전화기 딱 끊고, 커피 마셔가며 최선을 다해주면
책의 바다에서 행복하게 수영히며 눈빛을 빛내는
은하계 유일 천재를 볼 수 있어. (요 시기에 양재기로 퍼마신
맥씀 모카 골드로 육덕진 뱃살을 선물 받음. SShang~!)
단, 책의 바다가 오기를
욕심내며 기다리면
책의 바다는 절대 오지 않아.
마음을 비우고 이거라도 봐주는 게
어디냐며 읽어주면
어느 날 와있는 게 이 단계야.

항아리 비우는 시기

두어 달 미친 듯이 책의 바다에 빠져 실컷 읽다가
애가 갑자기 탁! 책을 놓는 시기가 와.
그땐 아무리 재미난 책 들이밀어도 안 봐.
바보 같이 놀기만 해. 인형 놀이, 물감 놀이, 블록 놀이,
장난감 놀이… 꽉 채웠던 머릿속을 시원하게 비우는
너무나 자연스런 시기야.
솔루션·· 책의 바다 다음에 오는 시기라는 것 명심해라.
바다에 안 빠졌던 애들이 책 안 보는 건 그냥 안 보는 것임.
대신 책육아 꾸준히 환경 만들어주고 노력하는 엄마의

아이 항아리 비우는 시기는 그리 길지 않아.
실컷 비우고 나서 다시 책으로 돌아와.
요땐 엄마도 같이 쉬면 돼.
단, 애 스스로 "나 이제 책 좀 다시 읽을라요~" 하지 않아 절대.
엄마가 요령껏 잔대가리를 굴려
애를 꼬셔야지.
촉 이빠이 세우고 있다가
기회 봐서 좋아하는 책
맛있게 씹고 씹어 단물 쪽쪽 입에
넣어주도록!

책 마중물

한 달에 한 질의 책이 집에 꾸준히 들어와야 하는 이유야.
한여름 마른 펌프 아무리 펌프질해도 안 나오는데
물 한 바가지 부어주고 하면 콸콸~ 잘도 나오지.
그 한 바가지의 물이 '마중물'이야.
그 물 없인 강호동이 와도 새 물 못 퍼올려.
매달 혹은 두 달에 한 번씩 새로운 전집이 들어와서
새롭게 자극이 되어줘야 원래 집에 있던 책들도 잘 보고
새로운 분야로 관심과 몰입도 넓어져.
안 그러고 전집 60권 다 반복해서 볼 때까지 기다리면

애 대학 가.

솔루션·· 전집 60권 다 볼 때까지 기다리지 말 것!
원래 전집 중에 애가 꽂히는 것 한 10~20권 반복해서 보면
그 전집 대박 치는 거거든. 한참 꽂혀 읽다 그 열기가
시들랑 말랑할 때 새로운 전집 들여서 재미나게 읽어줘.
그렇게 꾸준히 읽어주고 들여주기를 반복하면 어느새
1년 전에 들인 책, 2년 전에 들인 책 결국 다 보고 반복까지
수없이 하게 돼. 책육아 3년 꾸준히 하면 집에 있는
수천 권의 책 결국 다 보게 되는 거야. 뻥 같애? 해봐 당장.
눈알이 뒤집혀. 그러니 그 수천수만 권의 책을 읽고 느끼고
상상의 나래를 펼친 하은이를 비롯한 책육아 까꿍이들이
잘 크지 않을 수가 있겠냐구.

41개월 하은이의
읽기 독립 일기

때는 바야흐로 하은이 41개월 때.
2005년 11월에 썼던 일기.

● ● ●

41개월 14일.
지난주 주일날이었다.
저녁 먹고 나서 설거지를 하고 있는데
바른생활맨이 하은이를 좀 보라며
호들갑이다.
아무 생각 없이 돌아봤더니 요런 광경이
펼쳐지고 있었다. 뜨아~! 아빠한테 책을 읽어준다면서

책을 거꾸로 들고 읽어내려 가고 있는 게 아닌가?!
주로 내가 하은이 책 보여줄 때 이렇게 자주 하는 데
나야 익숙해서 그렇지 처음 하는 사람은
무지 헷갈리고 눈 돌아간다.
그런데 녀석 한 글자도 틀리지 않고 또박또박 책을 읽어주는데
정말 어찌나 놀랍고 기특하던지…
덕분에 트리오 거품 튀기며 사진 찍고 난리 쳐댄다구
바른생활맨한테 쿠사리 좀 먹었다. -.-;;
그 여세를 몰아 공산당 전당 대회와도
같은 박수 응원에 힘입어 하은이는 앉은
자리에서 근 댓권을 읽어내려 갔다.
그날의 칭찬과 열화와 같은 성원이
큰 계기가 됐던지 요즘 들어 하은이는
내 무릎팍에 궁둥이를 들이밀며 책 읽어달라는
횟수가 눈에 띄게 줄고 혼자 읽는 시간이 많아졌다.
아침 먹고 나면 앉은 자리에서
책 20~30권…
점심나절에도 조용하다 싶어
돌아보면
또 책 쌓아놓고 읽고 있고…
물론 모든 책을 다 처음부터

끝까지 샅샅이 읽는 것 같진 않다.
쉬운 책은 소리 내서 혹은 속으로 읽고,
좀 긴 책은 글 반, 그림 반 보면서 넘기는 것 같고…
그래서 이참에 읽기 독립을 확실히 시켜주자 싶어
지난주에 책장을 대대적으로 개편했다.
하은이가 주로 생활하는 거실 책장에 있는 책들인
《이큐의 천재들》《월드픽처북》《웅진수학동화》《달팽이과학동화》
《도담도담원리과학》등을 모조리 다른 방으로 옮기고,
읽기 독립용으로 적당한 쉬운 책들 위주로 꽂아주었다.
일단, 집에 있는 전집 중에서
《프뢰벨뽀뻬시리즈》《한솔읽기그림책》《프뢰벨 구자연관찰》
《프뢰벨 한글과우리말시리즈》《탄탄테마동화》《빈센트창작》
《네버랜드창작》《비룡소베스트창작》《위너스테마동화》들 중
쉬운 책 위주로 꽂아주고 두 돌 전에 봤던
단행본 40여 권도 다시 다 내려 꽂아줬다.
있던 것 중에 몇 질은 동생 물려주고 몇 질은 팔았더니
이 정도가 다였다. 아… 다 갖고 있을걸… 팔지 말걸…
까꿍이 때 보던 것 갖고 있었으면 지금 환장하고 볼 터인데…
푸름이 아버님께서 읽기 독립을 제대로 시켜주려면
읽기 독립용으로 적당한 쉬운 새 책을 500권은
넣어줘야 한다고 했는데…

그 정도는 못 해주더라도 독립용 새 책이 필요한 건 확실했다. 그래서 컴퓨터와 함께 3일 밤을 불사른 끝에 무진장 쉽고, 글씨 크고, 재미난 독립용 전집 세 질을 질러줬다.
《리틀베이비 픽처북》《쇠똥구리 과학그림책》《원원동화》
원래 한꺼번에 전집 여러 질 절대 안 들이는 게 원칙인데 지금은 독립에 불을 붙여야 하는 상황이니 과감하게 베팅! 헌데 조마조마하던 마음이 무색할 정도로 들여준 그 날부터 들이 파기 시작했는데 완전 대박이었다.
《리틀베이비 픽처북》은 아주 쉬워서 잘못 산 것 아닌가 했는데 녀석이 일단 잡았다 하면 혼자서 스무 권 전권을 하루에 내리 두세 번씩 풀로 돌려 읽어댄다.
이래서 미치도록 쉬운 독립용 책이 필요한 거로구나, 확실히 느껴지는 순간이었다.
《쇠똥구리 과학그림책》은 정말 너무 좋아해서 읽고 또 읽고 또 읽고…
《삐걱삐걱 뼈 이야기》는 산 지 일주일도 안 돼서 3~40번을 읽어댔더니 나도 하은이도 입에서 단내가 난다.
(강추! 별 다섯 개, 따불!)
《원원동화》는

창작 진행용으로 산 건데 활용 폭도 넓고 내용도
다양해서 두루두루 잘 활용할 수 있을 것 같다.
《프뢰벨테마동화》 다음으로 소장 가치가 있다고 느껴지는 책.
이렇게 책장 개편이 있고서 하은이의 읽기 독립이
급행열차를 탔다.
너무나 감사하게도 앉은자리에서 30분에서 1시간까지도 혼자서
조용히 책을 보고 있는 모습이 이젠 일상화가 되어간다.
어젠 자기 전에 슬그머니 영어책들을 자리에 풀어놨더니
혼자서 한 시간가량을 자리도 뜨지 않고 읽었다.
응가할 때도 내가 자리를 비우면 응가가 도로 들어간다던
녀석인데 책 한 뭉치 쥐어줬더니
책을 보며 예쁘게 거사를 치른다.
난 이제 설거지도 끊김 없이 할 수 있고, 옆에서 길길이
날뛰는 애새끼 없이 우아하게 전화도 받을 수 있다.
어젠 책에 빠져있는 하은이 옆에서 《긍정의 힘》도 읽었다.
정말 긍정적이고 희망적인 나날이 아닐 수 없는 요즘이다.
이 흐름이 끊기지 않을까 싶어 내 일 시작하면서 두어 달 보냈던
어린이집도 어제부로 끊고 녀석이랑 나랑 컴백홈~!
앞으로 몇 달간은 읽기 독립의 바다에 빠뜨려
첨벙거리게 하고 싶은 이유가 가장 컸다.
며칠 머리 터지게 고민하느라 한 10년은 늙었네.

아직 읽기 독립의 초반을 달리고 있지만
난, 지금 하은이의 변화된 모습이
너무나 신기하고 감사하기만 하다.
앞으로 남은 6개월 동안 독립이 순조롭게 잘 진행돼서
안정된 감성과 깊은 내면을 지니고 이 넓은 세상에 대한
호기심과 열망을 맘껏 펼치는 행복한 아이로 자랐으면 하는
바람이다. 그게 다다. 오늘의 일기 끝!

● ● ●

소스라치게 친절하고 상냥했던 시절이었네.
하면 돼. 그냥 하라는 대로 하면 돼.
단, 아이가 하은이와 똑같은 반응을 보여줄 거란 기대만 하지 마.
난 책 들일 때마다 하도 녀석의 싸늘한 반응에 익숙해져서
들이고 한 6개월 안 봐도 내버려뒀어.
그래야 책육아 오래 갈 수 있다는 걸
알게 됐거든.
그러다가 어쩌다 가뭄에 콩 나듯
빠져서 봐주는 게 있으면
저렇게 트리오 거품을
튀기고 설레발을 치며
광분했던 거야.
그 불쌍한 관중 짠해서 녀석도 으쌰으쌰!

조금씩 봐주다가 책에 빠지고, 한글을 떼고,
읽기 독립이 된 거구…
책으로 기찻길 놀이를 하고 성처럼 쌓아
그 안에 들어가서 숨바꼭질 놀이를 하고…
그 의미 없어 보이는 책놀이를 허구한 날 하면서
'제목이라도 눈에 붙여라. 멀어지지만 말아라' 하는
심정으로 기다렸어.
그렇게 빠져드는 거야. 책은.
절대 애가 먼저 책을 빼 오기만을
기다리고 넋 놓고 있으면 안 돼.
저렇게 읽기 독립용 전집 세 질을

시작으로 총 아홉 질 정도의
쉬운 독립용 전집을 넣어줬었어.
《말깨비글깨비》《꾀돌이자연탐험》《재미모리동동》
《키즈팰리스키즈북스》《킨더랜드자연스쿨》
《교원애니명작》 등…
남들 다 위인, 사회, 경제 등 진도 쭉쭉 치고 나갈 때
《리틀베이비픽처북》 보고 있는 녀석 보는 심정이
얼마나 고난이도의 내공인 줄 모르지?
내 아이를 기다려주는 것이 제일 어렵더라.
읽기 독립이 어찌 보면 책육아에서 가장 큰 산처럼 보이지만 사실 제일 쉬워. 내려놓고 그냥 기다려주면 되는 거거든.
다른 애랑 비교만 안 하면…
그리고 한 1~2년 걸려 읽기 독립이 이루어지고 나면
아이의 뇌가 폭발하고 눈빛이 무진장 깊어지고 말이 달라져.
읽기가 이루어져서 아이가 그림을 안 보고 상상을 안 하니
창의력이 발달을 안 한다는 박사 얘기는 개나 줘.
자기 아이 끼고 그 눈부신 과정을 눈으로 못 보고
몸으로 못 느껴서 그리 말하는 거야.
아이는 읽기가 이루어짐과 동시에 뇌와 감성의 그릇이 천 배는
확장되거든. 속도는 5G가 되고, 지가 넘겨보는 그 찰나에
그림은 물론 글씨, 내용, 생각이 다~ 들어가.

어른의 생각으로 상상하면 안 돼.
내가 봤어. 독립이 이루어진 후의 녀석의 눈빛을…
저거 믿고 견디는 거다. 저거 믿고…

영어 가르친답시고
오버하지 마

"노부영이 누구예요?"

하은이 돌도 안 됐을 땐가? 엄마들 많이 모인 데서 내가 했던 질문이야. 애 키우는 엄마들 다들 '노부영, 노부영' 해쌌길래 용기 내서 손들고 질문했었는데 아~무도 대답을 안 해.
이상했지. 집에 와서 애 재워놓고 검색해봤더니…
사람이 아니야. 아, 쪽팔려~
난 진짜 노부영 씨가 지은 영어책인 줄 알았어.
배오영 씨랑 같이 공저.
'노'래로 '부'르는 '영'어동화라니… -_-;; 얼른 샀지.
겁나 비싸. 한 권에 CD 한 장 달랑 붙어있는데 1만 3천 원.

한글 전집은 중고로 싸게 잘 사니 한 권에 2~3천 원이면
떡을 치는데 나에겐 너~무 비싼 거야.
그래서 〈브라운 베어〉를 시작으로 찔끔찔끔 사서 열나게
읽어주고 CD 틀어주고 하는데 애가 환장을 하는 것도 아니고
싫어하는 것도 아닌 이도 저도 아닌 상황…
맞벌이하는 잘 나가는 친구들은 죄다 영어 유치원 보내라고
난리 치고 외벌이하는 친구들도 죄다 영어만은 책만으로
안 된다며 영어 홈스쿨 안 시키는 애들이 없고… 나만 안 해.
그런 불안한 와중에 내가 '엄마표 영어'라는 걸 인터넷에서
알아버린 거야. 애 세 살 때쯤.
그냥 하던 대로 영어책이나 꾸준히 읽어줄 걸 괜히
엄마표 영어 고수들 흉내 낸답시고 애를 쳐 잡았으니…
내가 미친눈이지.
어느 날 느닷없이 "굿모닝 쟈스민~ 타임 투 웨이컵~
브러쉬 유어 티쓰, 룩 아웃사이드, 하우즈 더 웨덜?"
씨부리 싸대니 애 완전 시껍해서 "엄마 영어 말 하지 마~
나 쟈스민 아니야~ 하은이라구! 애플 하지 마~!"
애가 내 입을 때려. 아. 또 왜 이래~. 딴 애들은 다 좋아한다는데
난 왜 인터넷대로 되는 게 한 개도 없냐~?
그때 바로 포기하고 하던 대로 책이나 읽어줄걸…
또 욕심내서 품앗이 모임을 짜서 교구를 만듭네~

엄마표 영어 놀이를 해줍네~
미니홈피에 포토샵질해서 사진을 올리네~ 옘병을 하느라
밤새고 다음날 애 쳐 잡고. 아주 그냥 삽질을 해댔으니…
그때 잠시 나오려던 녀석의 아웃풋이
영원히 쏙 들어가버림은 물론 영어책은 다시는
지손으로 빼 오지 않는 아이로 만들어버렸어. 내가.
그때가 30개월쯤이었을 거야 아마.
그때 깊은 좌절감과 더불어 더 이상 애랑 씨름하고 주눅 들게
하는 게 싫어 많은 부분을 내려놓게 됐어.
'국어국문과 가라. 영어 필요하면 통역 붙이지 뭐. 영어 때문에
그만 싸우자. 미안하다 하은아.'
그 당시 썼던 영국편지 일부분이야.
얼마나 깨방정을 떨다 나자빠졌었는지 느껴지지?
영어 DVD도 무조건 한글로 틀어라~ 영어 CD는 지 손으로
죄다 끄고 다니고, 영어책은 꺼내지도 못하게 하고,
한 너 달 영어 거부증 심하게 앓던 녀석.
그때는 그게 넘 야속하고 답답했는데 지금 돌이켜보면
아이가 나를 가르치는 과정이었더라구.

욕심이 녹아 있는 노력은 절대 성공할 수 없다는 걸…

그때 크게 내려놓고 한글책만 열심히 읽어주던 와중에 우연히
틀어준 조선 시대 만들어진 〈빙뱅붐〉 비디오테이프가 녀석의

영어 거부증을 살짝 거둬줬고 그때부터 책만 열심히 읽어준 게
지금의 하은이를 만들었어. 내려놓음 없이 영어 좋아하는 아이,
절대 만들 수 없더라.

영어두 책으로 되냐구? 영어야말로 책이어야 해.

DVD도 엄마와의 영어 대화도 다 엑스트라야.

하은이 때는 DVD도 아니고 비디오테이프였고

가격도 죄다 허벌라게 비싸서 많이 사주지도 못했어.

세이펜이 웬 말이야~

CD 있는 책은 너무 비싸서 책만 있는 영어책 싼 걸로

죄다 사모아서 무조건 읽어줬어.

죽이 되든 밥이 되든. 필리핀 발음으로…

애가 이거 뭐냐 백만 년 만에 한 번씩 물어보면

아는 거 대답해주고 모르는 건 그냥 감탄만 했어.

"우와~ 하은이가 이거 궁금했어? 이야~!

이거 색깔 진짜 예쁘다~ 세상에,

우리 하은이가 이게 뭔지 궁금했구나~ 씨불씨불…"

그러다 보면 애가 정신 빠져서 다음 페이지 넘겨.

그럼 또 걍 읽는 거지.

하은이에게는 영어가

'엄마의 감탄'이고 '엄마의 칭찬'이었어.

그냥 동시에 떠오르는, 둘 다 모르는 거 투성이어도 상관없었어.

많이 읽다 보면 나중에 또 다른 책에서 CD 듣다가, DVD 보다가
자연스럽게 알게되니까. 많이 보다 보면…
많이 읽어주고, 보여주는 게 그래서 중요한 거야.
우리 집에 없는 게 두 가지야. 영어 사전과 세이펜.
둘 다 재작년에 선물 받았는데 녀석은 찾는 거 귀찮고
다운받는 거 귀찮아서 안 써. 그냥 통밥으로 때려 맞춰.
읽어나가고 CD 틀어 듣거나 그냥 읽어. 아날로그 영어.
그게 편해 우린.
기계나 도구가 아무리 편하고 효율적이어도
그게 주가 되어버리면 거기에 의지해서 내공을 못 키워.
영어도 감이고 촉인데…
그리고 하은이 영어에서 주요했던 게 말하기랑 쓰기를 안 시켰어.
Speaking, Writing. 그래서 그나마 지구인 하은이가 이만치라도
영어 좋아하고 잘하게 된 거야.
영어는 귀랑 눈만 뚫리면 끝나는 게임이거든.
보통 귀랑 눈이 같이 뚫리고 들리기 시작하면 입과 손은 나중에
필요할 때 다 움직여. 다 쓰고 다 말해.
원어민이랑 의사소통 다 가능해.

개나 고양이나 다 가능해진다구. 꾸준히만 하면…

말하기, 쓰기 자체가 나쁜 게 아니라 그 두 가지를 애들이
제일 싫어해. 쫄아 하고. 체크해서 틀리고 고쳐주기 딱 좋잖니.

영어 학원, 영어 홈스쿨, 영어 유치원이 의미가 없는 게
바로 그 부분이야. 쓰기, 말하기 무조건 같이 시켜버리거든.
처음엔 재밌지~ 잘 따라오고.
특히 딸내미들은 아주 그냥 잘해주고 칭찬받으니 동기부여되고
불 좀 붙는 것 같을 거다. 허나 2년 차부터 겁나게 따라붙는
그 산더미 같은 숙제, 테스트, 컴퓨터 숙제… 아침 밥상 앞에서
애 족치며 숙제시켜 눈물 바람으로 영어 유치원 보낸 엄마들이
대한민국에 수억이야.
영어는 장기전인데 그 짓거리로 애들 영어에 학을 떼게 만들면
나중엔 우찌 할꺼누… 책 읽히고, DVD 열라 틀어주고,
학교 들어가면 집중듣기 한 권씩 시키면 땡인데 애도 숙제 없고
테스트 없으니 쫄 일 없어 기꺼이 읽어주고 들어주고.
이런 태평성대가 있는데 왜 그 지랄을 해싸.
돈이나 좀 비싸? 영어 유치원은 기본이 백.
영어 학원도 기본이 삼십.
고거 다니고 숙제하고 예체능 도느라 애들은 시간이 없어
책은 점점 더 못 읽고, 고학년 올라가면 사고력, 독해력 싸움인데
점점 무너지기 시작하고…
애미는 들인 돈이 있으니 포기도 못하고 애는 꼴뵈기 싫고…
그런 모습 볼 때마다 나는 너무 안타까워. 쾌지나칭칭 나네야~
어여 내려놓으세요. 책만 읽히세요.

영어고 나발이고 책이에요.
책육아도, 영어책육아도
원리는 너무 쉽고 간단해.
꾸준히 하는 게 어려운 거지.
왜 다들 꾸준히 못하고 영어는 다 사교육으로 빠지는 줄 알아?
너무 단순하니까 불안해서, 의심병이 도져서 딴 사람들 뭐하나
기웃거리다가 전염되서 보내는 거야.
원래 돈 들이는 게 제일 속 편하니까…
나두 그놈의 의심병이 도져 싸서 이것저것 곁눈질하고,
시도해보고, 잘 안 돼서 애 잡고 울면서 사과하고
난리를 치다가 결국 울며 겨자먹기로
책과 DVD만 붙들게 된거라구.
이게 갑이야. 과정도, 결과도…
꾸준함을 이길 수 있는 건 이 세상에 아무것도 없어.
가랑비가 바위를 결국 뚫잖아.
오래 걸려서 그렇지.

제발 뚫게 좀 놔두자.
꽃처럼 피어나야 할 우리 아이들,
제발 영어로 목 조르지 말고 훨훨 날게 놔주자.

뭐든 책으로 시작하고 몰입하기

녀석은 삶의 모든 부분이 책으로 시작됐어.
놀이도, 호기심도, 취미도, 특기도,
온갖 관심사들도…
밥투정도 책 읽어주며 얼레벌레 극복해 갔고,
하기 싫어 용트림하던 이 닦기도 관련 동화책 사서
꾸준히 읽어주면 제법 잘 따라줬어.
종이접기에 환장하던 시즌엔 종이접기 책에 있는 것만으로도
모자라 하는 것 같아 인터넷에서 종이접기 자료 찾아
프린트해서 책처럼 만들어주니 지가 제목도 붙이고
스케치북에 붙어 이야기를 꾸며갔어.

영어야말로 무조건 책. 두말도 필요 없어 녀석에겐…
세계 전래 동화를 읽으며 세계 여러 나라 이야기도 책으로,
과학, 수학도 물론 책으로,
가공식품, 과자, 음료수를 먹지 말아야 하는 이유를
애미가 재잘거리면 듣기 싫은 잔소리가 되지만 책을 통하면
머리로 이해되니 몸이 자연스레 따라가.
피아노도 역시 책과 함께 가. 녀석이 좋아할 만한 음악이 많이
들어있는 악보집들 인터넷에서 짬짬이 사주니 신나게 쳐.
녀석의 위안이 되고 쉼이 되고 여유가 돼. 노래도 책으로…
책과 함께 커온 하은이는 사실 애미가 말로
가르칠 게 별로 없었어.
말로 떠벌여봤자 후진 잔소리만 쳐 나오는 거 뻔하니
말보다는 책을 들이미는 게 훨씬 남는 장사더라고.
책이 선생님이고 나침반이고 멘토고 롤모델이었어.
책으로는 도저히 안 될 것 같은 예체능, 영어, 컴퓨터, 악기 또한
얼마든지 책으로 가능하다는 걸 난 육아의 전반을 통해
두 눈으로 확인하고 온 가슴으로 뜨겁게 느꼈어.
녀석 또한 책으로 세상사를 알아가고
더 깊어진 몰입과 가지를 뻗쳐가는 호기심으로

행동 → 책 → 경험 → 책 → 성장 → 책을 꾸준히 반복하는
뫼비우스의 띠와도 같은 끊임없는 선순환을 반복해나가.

그러니 사는 게 흥미롭고 신나고 재미나 죽을 수밖에 없는 거지.
그 원동력은 결국 두 살 넘어갈 즈음 밤새 두 세시를 넘어가도록
무한 반복되는 "움마~ 읽어 죠~" 시즌.
목 아프고 눈 아프고 졸리고 피곤에 쩔어 죽을 것 같았지만
그 눈빛 마다하지 않았던 그 시절들,
아이가 까라면 깠던 그 순종의 시간들 덕분이었어. 100%…
하도 봐 싸서 구겨지고 찢어진 책들 스카치테이프로 붙이고
또 찢어지고 또 붙이고 구로공단 공순이도 아니고. 내가…
한번 잡으면 또또또~ 네버엔딩 무한 반복. 그것도 같은 책만…
하은이는 태어날 때부터 '모태 책육아 까꿍이'로 뿅~하구
튀어나온 것 같았지? 그리 합리화하고 싶지?
우리 집 아가는 책 안 봉께?
왜 자~꾸 우리 애는 끝까지 안 보네~ 자꾸 그림만 보고 넘기네~
애가 1분도 가만 앉아 보질 못하네~ 새 책을 들여도 보질 않네~
왜 자~꾸 질문들을 해싸~ 처음부터 잘 보는 애가 이상한 애지~
책과 친숙해지는 시기를 적어도 반년은 거쳐야 하는 거야.
물고 빨고 먹고 던지고 찢고… 오케이?
보이는 곳곳에 책이 꽂혀있고 널브러져 있어야 해.
그래야 애가 지나다니다 보고 놀다 보지.
500만 원 백 개월 무이자 할부로 들인
전집 예쁘게 책장에 진열해 놔봐라.

애가 보나. 그냥 책이
장난감처럼 놀잇감처럼
발에 채이고, 먹고 만지고
가지고 놀며 자연스레
그림을 보고, 엄마가 밤마다
읽어주는 이야기에 빠져들어야
책이 공기가 되는 거야.

책과 친해지기는 가랑비에 옷 젖듯이,
물방울이 바위를 뚫듯이 그렇게 오랜 세월 거쳐
서서히 진행되는 거다.
군대 철칙이 까라면 까는 거야. 책 읽어주라면 그냥 읽어줘.
그러면 돼. 무식하게…
근데 드럽게 힘들 거다. 원래 그래. 처음엔…
해보지도 않은 길, 주변 아무도 함께 가지 않는 길,
불안하고 깜깜한 것만도 힘든데 애까지 따라와 주지 않으면
더 미치는 거지.
알아. 나도 그랬어. 밤마다 새벽을 지날 때마다 무지 흔들렸었어.
그런데 밤마다 목소리가 안 나올 때까지 읽어주다 보면
자기 주도 학습보다 천 배는 중요한
'자기 주도적인 삶!'
그걸 가능케 해. 괜찮아.

포기만 하지 않으면 돼.
책육아는 정해진 성공의
척도 전혀 없어.
순위도 경쟁도 없는…
아이와 엄마가 함께하는
행복한 파도타기지.
책이 엄마가 씹고 잘게 부수어 보드랍게 녹여
아이 입에 넣어주는 '사랑'이듯…

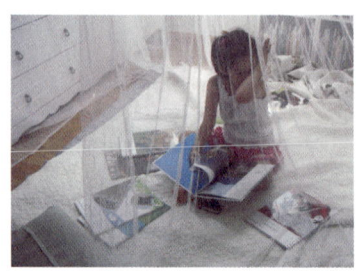

ps. 네가 지금 흔들리는 건 뿌리가 박혀 있기 때문인 거야.
　　뿌리도 없는 사람은 풀뿌리처럼 흩어지기만 하지.

잘 못 했어요. 하나님. 용서해주세요~ 엉엉.

이젠 착하게 살게요~ 나 좀 살려주세요. 엉엉엉…

힘들게 애 낳아놓았으니 애 키우는 거 힘들다고

어디 말도 못하고 혼자 괴로워하던 숱한 밤들…

큰 소리로 울지도 못하고 울음을 삼켜야 했던

죽음과도 같은 시간들…

헌데 그 가없은 시간들이 지금 내게

아련한 그리움으로 남겨져 있다는 게 참… 근데 사실이야.

그걸 겪어야만 비로소 어른이 된다는 게

무슨 말인지 이젠 알겠어.

학습지는
개나 줘버려~!

진짜 안 풀게 해도 되냐고?
남들 다 시키는 구몽, 기딴,
코높이, 웅담씽크스몰…
한 개도 안 시켜도 되냐구?
그렇다니까~! 속고만 살았냐?
톡 까놓고 얘기해보자, 우리.
책육아 제대로 못 해서 쫄리고 불안하니까 학습지로라도
어떻게 눈 가리고 아웅~거리는 거잖아.
책 많이 읽혀서 등어리가 따땃~하면 동네 어뭉들이 뭐라
지랄거려싸도 개가 짖나 부다~ 할 건데 그게 아니니까,

조바심 나서 뭐라도 시키지 않으면 안 될 거 같은 거잖아.
솔직히…
지금이라도 끼고 앉아 목 터지게 책 읽어주면 되는데
그거 귀찮고 조금 해보고 애가 잘 안 따라주니까 돈 주고 선생
부르는 거잖아. 아님 문제집 사주고 두 장씩 풀엇~! 하는 거구.
그거 아니다. 날로 먹으려 하면 배탈 난다. 결국…
늦었다 생각하면 값 지불을 해야 해, 반드시.
학습지가 무슨 공교육의 의무 사항이라도 되는 양
시키고들 앉았어, 왜? 애가 좋아해?
풀 때마다 보람차고 뿌듯하대? 머리에 쏙쏙 들어온대?
본인들은 고3 때 1년 빡씨게 풀고도 지겹고 힘들어서
학을 떼 놓고서 그 지겨워 죽는 짓을 캣초딩 아니,
여섯 살 까꿍이 때부터 시켜 싸~
한 개도 아니고 과목별로 두서너 댓 개씩.
워매~ 짠한 것들. 갸들 맘이 어쩔 거여.
삶이 재미나 죽겠고, 호기심 천국이고, 하루 12시간 온전히 하고
싶은 거 맘껏~ 할 수 있는 그 나이에 그게 뭔 중노동이여~
"남들 다 시키니까 안 시킬 수가 없어요~"
그딴 얘기 좀 하지 말자. 남 탓 하지 말고.
학습지에 길들여지면 애는 책 더 안 읽어.
공부는 결국 사고력, 독해력 게임인데…

머리는 더 굳어가고 독해력, 사고력은
점점 더 요단강 건너간다고. 그걸 알아야지.
초등 저학년 90점 맞기 욕심부리지 않고 죽기 살기로 책과
친해지도록 애미가 애를 쓰면, 독서가 아이의 삶이 되면
애는 그냥 끝나. 인생 피는 거지.
지가 좋은 거, 지가 하고 싶은 거, 지가 꽂히는 거 책을 통해
놀이를 통해 스스로 찾아가. 기가 막히게…
행복해 미치겠는 삶의 주인공이 되는 거라구~
근데 하루에 과목별로 학습지, 문제집 두 장씩
꼬박꼬박 풀리면서 그게 가능할 거 같아?
애미가 간디가 아닌 이상, 법정 스님이 아닌 이상, 택도 읍써!
만날 싸워. 네가 죽든 내가 죽든 죽도 밥도 안 되는
피 철철 흘리고 막장 찍는 게임이야.
책만 읽혀. 그럼 시간이 지나면
지날수록, 고학년이 될수록
양손에 떡 다~ 먹을 수 있어.
학습에 질려 하지 않으면서도
학교가 재밌고 삶이 재밌는 아이.
얼마나 좋으니~ 완전 천국이야.
교과서가 최고의 학습지래. 하은이가 그랬어.
수학 교과서가 동화책 같고 과학 교과서가 재미난

과학 동화 같은 거지. 학습지 당장 끊고 책 읽어주고 아이의
모든 뻘짓에 감탄의 시선 보내주고 뭔 짓을 하건
칭찬하고 탄복하고 믿어줘.
아이는 결국 엄마가 믿는 만큼만 커.
걱정하는 그대로 불행해지고.
엄마가 깨달아야 한다. 애는 모두 천재라는 걸.
삼신할미가 우리한테 다~ 천재 새끼 뱃속에 넣어 줬는데
우리가 둔재 만들고 자빠져 있는 거야.
하은이는 그나마 늦기 전에 깨달은 애미로 인해
'들~ 둔재'가 된 거고.
주여~ 아부지~~ 천만다행~~

독서 천국!
불신 지옥!

어린 시절 책이라는 거 거의 보지 않고 살아와서
책은 물론 교과서 읽는 것도 힘들었던 여자였어. 내가.
글은 읽는데 책은 도대체 뭔 내용인지 눈에 안 들어오는 기이한
현상. 눈은 분명 글을 따라가는데 내용은 안드로메다 저편으로
사그라져가 버리는 그 답답함은 정말 제길…
제일 싫은 건 일기 쓰기, 가장 무서운 건 독후감 쓰기.
그러니 학교생활이며 사회생활이며 오죽 쫄렸었겠어~?
내 얕디얕은 지식과 지혜가 탄로 날까 노심초사하느라 매사에
집중도 못 하고 그냥 눈에 나지 않는 착한 아이로만 살려고
죽기 살기로 노력했어.

탁탁 자기 의견 내놓고, 결정도 잘하고, 지 인생 착착 개척해
나가는 친구들 보면 맨날 부러워만 했고.
나도 그렇게 살고 싶어 책은 손에 쥐어 보는데 못 읽겠더라고.
엄두가 안 나서, 나는 안 될 것 같아서…
나는 그냥 몸으로 부대끼며 눈치껏 살다 가야지
뭐 별수 있겠나 싶었어.
그나마 '둘째 후남이 출신으로 인한 초특급 눈치빨'로 그럭저럭
살아는 졌는데 유일하게 맥을 못 추겠는 한 분야.
그놈의 '육아'였어.
〈임신출산 소백과〉는 아주 공갈 염소똥만큼도 도움 안 됐고,
〈삐뽀삐뽀 118〉 전화번호부로 두려움과 공포 육아 시전하고,
〈베이비 개스퍼〉로 수면 훈련 따라 하려다
애 울려 죽일 뻔했던 쓰라린 경험들…
허나 책 말고는 기댈 곳이 없었어. 인터넷은 더 헷갈리고,
친구들한테 물어보면 네 눈이나 나 눈이나 북치기 박치기
더 미궁 속으로 빠져들고, 죽이 되든 밥이 되든 읽는 수밖에…
읽고, 줄 치고, 노트에 적고, 자꾸 까먹는 건 냉장고에 써 붙이고,
그 당시 나에게 육아서는 살기 위해 읽는 생존의 수단이었어.
안 읽은 날은 꼭 애를 잡았으니까…
녀석이 얼마나 극적으로 내 품에 왔는지 자꾸 잊어버리고
애를 훈계해 싸니까. 안 그러려고 손에서 책을 놓지 못했어.

읽으면 쫌 나았거든…
어느 날 불안증이 가시고,
조급증이 내려지고,
책육아에 대한 확신이
가슴에 차올랐었어.
그렇게 미친 듯이 읽다 보니
250페이지 넘어가는 건
눈이 뱅글거려 못 읽던
내가 점점 속도도 붙고
한 줄 한 줄 읽을 때마다

가슴을 파고드는 감동도 극에 달해가는 날이 많아지더라.
특히나 피곤과 부부싸움 피폭으로 괜히
애 잡은 다음 날 아침에 읽는 육아서는 그냥 온 마음을 휘감아.
눈물 뚝뚝 흘리며 줄 한번 치고, 가슴 한번 치며 다짐하지.
다시는 그러지 말아야지.
다시는 아이 아프게 하지 말아야지.

그런 시행착오 독서의 과정을 통해 난
'공감대화학과'도 이수하고
'까꿍이 눈맞춤과'도 마스터하고
'내적 불행 극복학과'는 졸업을 앞두고 있다~! 에헤라디야~
난독에 가까운 나 같은 사람도 됐어.

이 세상에서 제일 부러운 사람이 속독하는 사람인 나도 됐다고.
속독이? 아니~ 여전히 느리게 읽지만 한 줄 한 줄 가슴에
아로새겨지고 손을 움직이고 발을 움직여 행동하게 됐어.
그러니 어제와는 다른 삶을 살게 되더라.
책에서 이딴 얘기 허구한 날 봤어도 진심으로 믿지는 못했었거든.
근데 돼. 진짜 돼. 요 문구만 가슴과 뇌에 또렷이 새기면 돼.

'즉각 실행'

보는 즉시 해버리는 거지. 그러면 정말 삶이 바뀌어.
다이어리에 적고 미루고 미루다 에이 몰라! 하는 게 아니라
죽이 되든 밥이 되든 그 자리에서 해버리는 거야.
살아 보니 알고도 안 하는 건 모르는 거랑 같은 거라는 말. 맞아.
해야 아는 거야. 해야 내 거고. 근데 책이 그걸 하게 만들어. 난.

**《시크릿》 읽고 시각화 실천해서 어마어마하게 많은
일을 실제로 이루어냈고, 《아직도 가야 할 길》 읽고
삶에 대한 시선과 관점을 재정립 해냈고,
《시골의사 박경철의 자기혁명》 읽고서
3년 1,000권 독서 실행 중이다.**

이 세상에서 제일 고마운 사람은 책 선물해주는 사람이 됐고,
읽고 싶은 책이 넘 많아 잠자는 시간이 넘 아까운 삶이 됐고,
내 책 놓을 자리가 점점 모자라 하은이 책도 많이 나눠줬어.
내가 이런 놈이 됐다고. 내가 됐으면 누구나 돼.

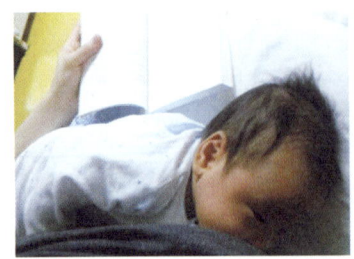 

셋째 낳고 젖 먹이면서도 책을 손에서 놓지 못하는 동민이.
사무실 책상에 육아서 한가득 쌓아놓고 수시로 봐가며 일한다는
소윤이. 나랑 똑같은 다이어리에 이루고 싶은 꿈들 적고
생생하게 꿈꾸고 있다는 소연이.
"언니 덕분에 제가 책을 읽게 됐어요! 너무 가슴 뛰고 놀라워요~
완전 다른 세상이에요~!"
"내 자식 잘 키우려고 조직원 됐는데 내가 커요. 언니.
내가 책을 보고 남편이 절 달리 보고 내 꿈이 뭔지
생각하게 됐어요. 눈물이 나요."
이보다 더 큰 기쁨이 어디 있겠어? 이보다 더 행복한 인연은
또 어디 있구… 내가 책을 읽으니 책을 읽는 사람들과
만나게 되고 인연이 맺어져. 같은 곳을 바라보고
같은 감동을 나눠. 으아~!

난 이제 다시 돌아갈 수가 없어. 아니 돌아갈 수도 없어.
TV 종일 켜놓고, 컴퓨터 켜놓고, 엄마들 만나 수다 삼매경,

전화로도 수다 삼매경. 폰 들여다보며 시간 죽이던 그 시절로…
지금이 너무 가슴 뛰고 다음 읽을 책이 기대되고
하나하나 실천할 꺼리들이 기다리고 있어서 사는 게 신명 나.
엄마가 성장하지 않으면 애 절대 잘 못 커.
나 오래오래 살아야 해. 요거 간증하고 전도해야 하거든.
나중에 길 가다가 늙수그레한 할망구가 "도를 아십니까?
책 읽읍시다~" 하며 전단지 하나 나눠주면 난 줄 알아~

ps. 진정한 육아란 내 아이를 키우는 게 아니라 내가 '나 자신'을
   키우며 내 자식을 따뜻하게 바라만 보면 되는 것. 이상!

초등 입학한다고
수선떨지 마라

초등 입학. 쫄지 마. 애 안 죽어. 신경 꺼.
애 학교 들어간다구. 달라지는 거 한 개도 없어.
어린이집 입학식이나, 유치원 입학식이나, 초딩 입학식이나
내 새끼만 분위기 파악 못 하고 어벙대는 모습 빡치며 보다가
얼레벌레~ 허무함 가득 안고 집에 돌아오는 게 입학식이야.
겁나 뭣도 읎써. 그냥 애 앞에서
"어쩜 넌 감격적이야~! 내 새끼 언제 이렇게 큰 거뉘~!" 하며
감동 눈물 한 방울 똑! 흘려주며 궁디 팡팡~해주는 센스
잊지 말고. 그리고 바로 일상 복귀~!
어제처럼. 일 년 전처럼. 여전히 아이 눈 맞추고 공감해주고

감정 읽어주면 땡~!이야.
초딩 됐다고 애미가 더 미쳐서 불안해하고 조급해하고
궁금해하고 이것저것 묻고 다니고 그라지 마라.
애 초장에 질려 6년 작살난다.
그리고 절대 절대 하지 말아야 할 짓~!
입학식 다음 날부터 학교 정문 앞 커피숍에서 반 엄마들이랑
차 마시며 애 수업 끝날 때까지 수다 떨고 자빠지는 것!
그거 좀 하지 마.
물론 반 엄마들 대부분이 그라고 있을 거다.
애가 걱정되니께, 집에 갔다 오느니 기다리는 게
나을 것 같다느니 이유는 허벌나게 많지. 타당해뵈고…
근데 세상에서 제일 후지고 의미 없고 시간 버리고 돈 버리는
최고의 삽질이 그거야. 애 교문 앞에서 빠이빠이~ 하고 나면
곧장 뒤돌아 어서 썩 버스 타고 집으로 가~!
가서 쉬면서 내 책 읽어. 점심 준비해 놓고.
한 시간 있다 다시 나와야 하더라도 꼭 집에 가.
'커피숍 삽질'하지 말고.
그냥 좀비들이라 생각해. 내 피 빨아먹는.
거기서 안면 익히고 엄마들 한두 명이라도 친구 먹으면
1년 내내~ 골치 썩고, 비교하고, 애 쳐 잡고,
속 겁나 시끄러울 것이다.

묻지도 않은 학교생활, 친구, 담임, 수업, 의미도 별로 없는 것들
문제거리인 양 물어들 올 것이고,
예쁜 내 새끼 단원 평가 80점 맞아왔길래
열라 감동 칭찬해줄라 카는데 괜히 전화와 싸서는
지 새끼 95점 맞아왔다고~
실수로 한 개 틀린 것 혼내줬다며 시험 넘 못 봤다고
지랄 떨고 자빠졌을 거거든.
반 평균이 90점이라는데 네 자식은 몇 점 맞았느냐고
지구 끝까지 물어댈 거야.
거짓부렁치기도 뭐해 사실대로 애 점수 말해주면 괜찮다고
원치 않는 위로까지 해준다~ 그 엄마~?!
알기도 싫은 다른 애들 점수까지 시시콜콜 다 꼰질러 주면서…
아. 기분 좋던 나의 하루 개박살.
이 세상 어떤 엄마들도 그 전화 받고 그 집 애보다 시험 못 본
내 자식, 아무런 감정의 흔들림 없이 사랑해주기 힘들어.
사람인지라… 그래도 그동안 읽은 육아서는 있어서
시험 성적으로는 안 혼내도 결국 오밤중에 잠 안 잔다고,
물 흘린다고, DVD 좀 그만 쳐 보라고
괜히 혼자 폭발해서 씨부리다 애 울려 재워. 니미.
그 미친 학교 엄마 논이 문젠 거야.
나도 내 자식도 아무런 문제 읎써. 만나지 마. 반 엄마들.

휩쓸려 다니며 이 말 저 말 들으면 100% 애 잡게 돼 있어.
자동 시스템이야.
엄마들 자체가 나쁜 사람이어서가 아니라
'남비교 증후군'을 아직 극복하지 못한 나 논 때문에
내 새끼까지 피해 보는 걸 막기 위해서야.
애도 초등 입학으로 인한 긴장감과 부담감 장난 아니거든.
안 그래도 서먹한 친구들, 삼엄한 분위기 적응하려고
그 어린 것이 피똥을 싸고 앉았는데 엄마라는 사람이
미쳐 날뛰며 설레발치고 비교하고 추궁하고 닦달하면
쪼끄만 애가 어따 맘을 둘 것이냐고.
믿을 사람 엄마밖에 없는데…
담임샘들도 임원이다 학부모회다 여기저기 들쑤시고 다니며
수선 떠는 엄마들보다 자식 책육아로 똘똘하고 지 앞가림하게
키워 보내주는 엄마들 더 좋아해.
고급 옷에 명품 가방 매 보내는 애들보다 마음이 따뜻한 아이,
연산, 속셈 열라 다녀 선행 빼고 있는 애들보다
말귀 제대로 알아듣는 아이,
두세 살 때부터 기관 다니며 그릇된 사회성 키워온 닳고 닳은
애들보다 엄마와의 긴밀한 애착과 깊은 신뢰감으로
어떤 아이에게도 순수하고 순박하게 마음을 열 줄 아는
그런 아이를 더 예뻐하고 기특해 한다고.

최고의 촌지는 잘 키워 입학시킨
내 자식이야.
그리고 아이의 일상을 죄다
챙겨주고 간섭하는
매니저 역할은 아이의 인생을
망가트리는 지름길이고…

걱정하지 마. 겁나 즐겁게
다닐 거니까.

애는 걱정 읍써. 엄마만 진득이 아무 일 없이 그냥 살면 돼.
언제나 그랬듯 감탄 연발하고, 칭찬하고, 믿어주고,
귀 기울여주면서…

학교 끝나고 오면
"오늘 뭐 했어? 별일 없었니? 뭐 배웠어?"
절대 묻지 말고 이렇게 물어.
으스러지게 안아주면서…

"오늘도 학교에서 신나게 잘 놀다 왔어?"

애들아.

억지로 애 재우지 마.

정해진 시간에 안 재워도 돼. 괜찮아.

아이는 들풀 같아서

지들이 알아서 자기 살 숨과 잠과 에너지를

챙겨나가면서 살더라. 어미가 일부러 조절하지 않아도.

그래. 죽이 되든 밥이 되든 키워보자. 이 어린 핏덩이…

지가 낳아 달랬어? 내가 좋다고 낳았지.

슬프게 하면 안 되지. 암…

하은이 최고의 방학 계획
'개놈 프로젝트'

'개놈: 개~놀다'의 명사형.

개놈 프로젝트, 하은 선수의 방학 스케줄이자 삶의 모토야.

방학이면 개나 소나 필리핀 연수 가고 캠핑 다니고

수학 영재 캠프 풀로 꽉 채우는데 앤 놀아 그냥.

놀다, DVD 보다, 책 보다, 자다 또 노는

게 녀석의 방학 계획이구.

낼 모래

중학교 들어가는 앤데

'맨날 놀기'가

지상 최고의 사명이자

비전이야. 멋지지 않냐~?

물론 학원 아무 데도 안 다녀.

문제집 정해서 푸는 거… 그것도 안 하고.

아직은 안 해도 될 것 같대. 느낌적으로 느낌이 온데.

아직은 아니래.

더 노는 게 지 미래를 위해서 남는 장산 것 같대.

학기 중에 아무 데도 안 다니는 애도 이리 놀고 싶어 하는데

다른 일반 육아 애들은 어찌 산대냐~? 얼마나 놀고 싶겠어?

그런데도 방학마저 스케줄 빵빵이 짜놓고 움직여야 한다니…

아유 짠한 것들. 아니 애들이 널브러져 10시까지 늦잠도 좀 자고,

지 배고플 때 밥도 챙겨 먹고, DVD도 맘껏 눈알이 빠지도록 보고,

지 켕길 때 뛰어 나가 놀고 친구 불러 놀고 그래야지 좀…

그게 방학이지 언제 또 그래 보겠어.

방학 땐 이렇게 놀게 그냥 놔둬. 그렇게 실컷 놀게 내버려둬야

책도 보고 공상도 하고 미래에 지가 뭐할 건 지 생각도 하게 돼.

멍 때리지 못하면 애들은 죽거든. 안 그래도 닭장 같은

교실의 꽉 짜인 스케줄 속에서 시들어가는 애들인데

놀지도 못하면 그게 시체지 애들이냐고…

애들은 놀려고 태어났는데…

하은인 그럼 학기 중엔 공부 좀 하냐고?

매일 오후 2시 40분쯤 띵동~ 요딴 문자가 와.

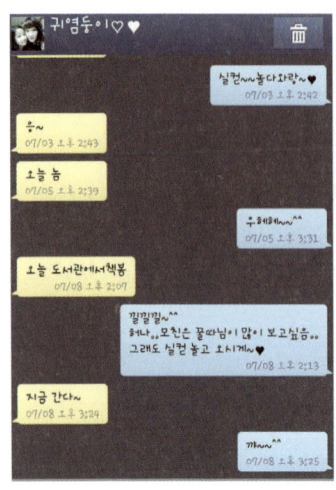 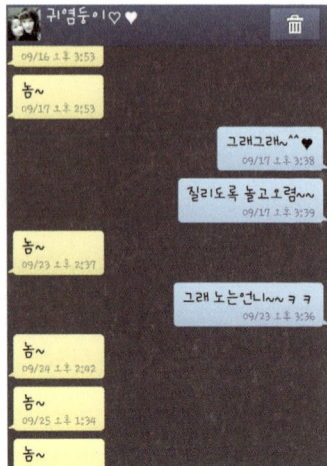

'오늘 놈'

학교에서 놀다 들어오겠다는 통보.

하도 말도 읎씨 학교 끝나고 친구들이랑 허구한 날

놀다 들어와 싸길래 내가 어느 날 그랬거든.

"적어도 문자 한 통은 애미에게 보내줘야 하지 안 겄냐~?!"

그 다음날부터 문자는 보내줘. '오늘 놈'

양심은 있다만 짧다. 좀… 헌데 그것도 긴지 며칠 지나니

이리 오더라고. '놈' 너야말로 우낀 놈 ^^

6교시 끝나면 항상 저 시간이거든.

학원이나 방과 후나 아무것도 안 하는 애는

하은이 하나뿐이라 매일 노는 친구들이 달라져.

오늘은 애랑 어제는 개랑 그제는 갸랑.

176

하은이는 항상 놀 수 있는 애니까 이놈, 저놈, 요놈, 그놈이
돌아가면서 노는 거지. 맨~날 놈. 놈. 놈.

애가 뭐든 잘해서 안 시키는 게 아니라
안 시키니까 애가 뭐든 잘해지는 건데…

그게 진린데 왜 다들 씨 뿌려놓고 그 다음날부터 바로
싹 안 트느냐고 난리들이야~? 물도 주고 거름도 주고
햇빛도 쫴 주면서 정성을 쏟고 기다려야지.
그래야 늦게 나오더라도 튼튼하고 실한 싹이 돋아
스스로 모진 비바람 이겨내며 귀한 열매를 맺지.

하은이에겐 '책'이 물이었고, '놀기'가 거름이었고
'엄마의 사랑'이 햇빛이었거든.

화학 비료 사다가 열나게 뿌려댄 주변 아이들은
싹을 후딱~! 잘도 틔우는데 녀석은 내내 감감무소식이어서
내 속 애지간히 타들어 갔었어.
영어 아웃풋도 없고 특별히 도드라지는 것도 없이 이대로
죽도 밥도 안 되고 망하는 건 아닌지…
헌데 많은 시간이 흐른 후 얼마나 푸르르고 싱싱하고
영롱한 싹을 틔워대는지 말로 다 표현할 수가 없어.
그 열매는 또 얼마나 달고 맛있는지.

따뜻한 눈빛, 고운 심성, 티 나지 않는 배려,
공감, 귀 기울임…

그 더딘 시간 동안 다른 아이들과는 비교도
할 수 없는 깊은 뿌리를 스스로 박고 있었더라고.
어떠한 세상 풍파에도 흔들리지 않을…
그 힘으로 너무나 바쁜 엄마의 빈자리를 스스로 채워가면서도
자신의 녹록지 않은 삶을 징징대지도 않고
나보다도 더 씩씩하게 지 할 일을 해나가는 녀석…
난 이제 확실히 알아.

내가 지켜줘야 할 것은
아이의 맑~간 눈빛이지
초등 성적이 아니라는걸.

방위편-영리해져야 직장맘이다

한 번만 얘기한다. 잘 들어.
직장맘은 '특수공작원'이다.
죽어라 힘들어.
해병대보다도 더 빡쎄. 각오하고
시작해야 할 거다.
특히 직장맘 신분으로 책육아는
애지간한 맘으로 도전할
생~각~도 하지 마.
그만큼 쉽지 않은 길이야.
허나 맘먹고 죽었다 생각하고

한 3년 열정을 불사르면 일과 육아라는
두 마리 토끼를 다 잡을 수 있는 게 이 세계야.
단, 군대 육아 기간 3년은 일 무조건 접고 육아만 하는 거야.
휴직 혹은 퇴직. 그리고 군대 육아 올인!
단, 피치 못할 사정으로 그만두지 못하는 엄마들 잘 들어.
죽어도 도저히 안 돼도 1년은 애 키워야 해.
더 이상은 양보 못 해. 방법 없어.
3개월 쉬고 바로 복직. 그건 아냐. 할 말 없음.
자. 어쩔 수 없이 3년 육아 채우지 못하고 복직한 엄마들은
오늘부터 직업은 '육아'고 일은 '알바'야. 명심해.
집에서 애와 책으로 놀이로 온몸 불사르고 회사에서 짬짬이 쉬어.
뭐? 장난하냐구? 그러다 잘리면 어떡하냐고?
그니까 영리해져야 한다니까! 쥰네 대가리 굴려야 해.
짬짬이 들키지 않을 정도로 쉬어. 화장실에서 쭈그려 자고,
점심 얼~른 먹고 책상에 디비져 자야 해.
전날의 부족한 수면을 채우기 위해. 그리고 또 그날 밤,
애랑 새벽까지 책 읽어주고 놀아줘야 하니까… 알짤 없어.
처음에는 눈치 겁나 보이고 가슴 콩닥거리고 욕도 제법 먹을 거야.
하지만 군대 육아의 최대 강령인 '내 책 독서'와 '몰입 육아'에
매진하다 보면 자연스레 요령이 생기고 독심술이 생겨.
눈칫밥 안 먹어가면서 원활한 휴식을 취할 수 있게 될 거다.

수~많은 직장맘 조직원들의 실제 경험을 통한 간증이니
믿어도 돼. 그러면서 전업맘보다 훨씬 접근이 용이한
PC 활용에서 먹고 들어가. 업무용 창과 육아용 창을
여러 개 번갈아 띄워놓고 상사 시선의 사각지대를
십분 활용하는 뱀 같은 능수능란함~!
직장맘이 반드시 갖추어야 할 필수 임무 능력이다.
그렇다고 의미 없는 검색질이나 뻘써핑은 절대 금물!
그달 넣어 줄 내 새끼 전집 선택 및 결제, 육아서 구매,
〈세이펜〉 음원 작업, 맨몸으로 놀아줄 간단한 놀이 검색,
멘토 블로그 구독 및 정신 무장.
육아와 나의 성장에 도움이 될 만한 것들만 빠른 시간에 후다닥~
처리하고 나와야 해. 나머지 시간엔 최대한 빠르고 효율적으로
업무를 처리해 칼퇴근의 위업을 달성해야 하는 것이다!
초반엔 칼퇴근한다고 쿠사리 주고 뒷담화 까는 상사,
동료 여럿일 테지만 아랑곳하지 않고
'효율적이고 스피디한 나만의 업무처리 능력'이
쌓이고 드러나면 결국 그들도 뭐라 못한다.
자고로 직장맘이 욕을 먹는 건 칼퇴근이나
회식 미참석이 아니라 느려 터진 업무 처리와 잦은 지각,
갈 길을 잃은 비즈니스 마인드다.
회사에서의 '알바' 일을 사뿐히 끝마치면 집으로 출격!

진정한 출근이다. 은밀하고 위대하게! 중차대한 임무를 띠고!!
퇴근하자마자 친정이든 시댁이든 이모님에게서든
애를 넘겨받은 직후부터는 무조건 부비 대라.
볼이든, 가슴이든, 엉덩이든 어디든.
미친 듯한 피부 접촉! 그것만이 살길이다.
만나자마자 책 읽히겠다고 설레발 쳐서 애 정떨어지게 하지 말 것!
"아이구! 내 새끼. 엄마가 얼~마나 보고 싶었는지 알아? 아가도
엄마가 보고 싶었쩡? 그랬구나~ 아이고 예뻐라~ 죽겠네~!!"
난리 부르스를 치며 물고 빨고 껴안고 비벼. 겁나 비벼.
쫓아다니면서 간지럼 태우고 뒹굴고 난리치며 몸으로 사랑을
나눠야 애가 잘 커. 그래야 그날 밤 책도 더 가져오고…
화장은 하은이랑 같이 지웠었어. 다섯 살 까꿍이가 그 조막만한
손으로 클렌징 크림 푹~ 찍어 내 얼굴 이곳저곳 문질문질
해주는 거 너무 행복했~~~~~~~~겠니?
열라 답답하고 오래 걸리고 짜증 났지.
그래도 그렇게라도 시간을 벌어야지 별 수 있니?
애와 함께할 수 있는 시간이 극도로 적은 게 우리네 직장맘이니까.
화장도 같이 지우고 옷도 하은이한테 벗겨 달라 하고.
그 사이에 두런두런 그날 있었던 일 얘기 나누고…
물론 기승전결 전~혀 안 들어맞고 중간에 안드로메다로
빠져버리기 일쑤지만 그렇게 아이가 크다 보면

그 어떤 전업맘 아가들보다 엄마와 삶을 깊이 나눌 수 있는
대화 상대가 돼. 내 인. 생. 친. 구…
얼마나 가슴 벅차고 눈물 나는지 몰라.
때론 서럽고 눈물 나고, 피곤하고 짜증 나고
스트레스 이빠이 쌓여 왜 나만 이런 고생 죽어라 하고 앉았나,
인생이 원망스러워 통곡하고 싶은 순간도 많지만
사는 게 원래 그래. 전업맘이라고 안 그런 줄 아니?
더하면 더했지 덜하지 않아.
난 전업주부로도 한 7년 살아봤거든. 양쪽 맘 다 느껴봤어.
두 쪽 다 막상막하야. 생각하기 나름이라는 얘기지.
누누이 이야기하지만 회사에서, 내 일에서 제아무리 잘 나가고
연봉 철철이 늘어도 내 애 후지게 커가고 있으면
어디서도 기 못 펴.
마흔만 넘어도 어느 모임을 가든 자식 얘기밖에 안 하거든.
자식으로 인해 내 가치를 평가받자는 게 아니라,
내가 내 맘대로 낳아놓은 자식 초기 육아 소홀히 해서
지 앞가림 못 하게 만들어놓은 건 100% 애미 잘못이란 말이야.
피곤하고 정신없고 시간 빠듯해도 초기 3년 빡씨게
책육아 뜨겁게 불살라 놓으면 아이는 그 힘으로
지성과 감성이 꽉꽉 들어찬 멋진 사회인으로 눈부시게 자라 가.

누구보다 열심히 사는 애미의 뒷모습을 보면서…

그러다가 훗날 성인이 된 내 자식의 입에서
"엄마가 내 인생 최고의 롤 모델이었어."
라는 말을 들을 때의 그 가슴 떨림을 생각해보라구~
시간이 없어서~ 피곤해서~ 일 때문에~ 라고 씨부리며
핑계 댈 시간도 아깝지 않아?
애 키우는 게 원래
정신없는데 지루하고,
당황스러운데 따분하고,
난해한데 밋밋하고,
낭패의 연속인데 죽지는 않는.
죽고 싶지만 떡볶이는 먹고 싶은
정말 병신같은 나를 조석으로 발견하는 과정이란 걸
빨리 깨치는 년이 우승이다.
해마다 줄 세워 육아 등 수 메기는 것도 아니지만
나 자신의 위치가 어디쯤인지 자동으로 알게 되는
골 때리는 작업.
하아…
애가 잘 크면 잘 클수록 더욱더
내 성장에 박차를 가하지 않으면
John 되는 과정.
ㅇㅇㅇ…

또 한편은 내가 낳지 않았으면 할 필요도 없을 육아의 시간,
오로지 '감당의 시간'
내 야욕과 열망을 죽이고 우회시켜
내 자식과 나를 잘 키워내는 시간으로 채워냈을 때의 희열은
정말 이루 말할 수 없는 환희 그 자체다.
한 아이를 낳고 성장시켜
이 사회의 어엿한 일꾼이자 역군으로 내어 보내는 일,
우린 결국 잘 해낼 것이므로
어떻게든 방법을 모색하고 찾아내야 한다.
"왜 저럼~"
"원시인임?"
"도태되려고 작정을 했나봄??"
세상이 내게 조롱을 날려싸도
내 자식의 위대한 내면과 장엄한 존재력 그 자체로
세상에 빠큐를 날리게 될 것이니자, 정신줄 꽉 잡고~! 나와 아이를 그 누구와도 비교하지 말고~!
전무후무한 뜨거운 육아를 한번 해보라우요. 동무~!!

군대 육아 10년 후,
하은맘의 편지 #3

외계인은 니네 별로 가주래!

부제: 외계인 처방전

내 집엔 20년 된 외계인이 산다.

이 외계인의 여러 가지 행동 양상 중 주된 특징 하나는

시즌별 무한 '반복어 사용'이다.

어쩌다 지구인 엄마에게 잘 못 떨어져

그것도 승질 드럽고 인내심 제로

내적 불행 만랩인 에미에게서 배우고 익힌

수많은 지구 언어들 중 두서너 가지만 반복해 쓴다.

엉겁결에 맺어진 자신의 인간 숙주가

"엄마"라는 걸 인지하고는 움마 움마 움마 움마…

그 소리를 들을 때마다 몸서리를 치며

기쁨의 눈물을 흘리며 뛰쳐 다가오던 엄마는

얼마 못 가 부를 때마다 지겨움에 몸서리를 치게 된다.

"엄마 일루와~"

"엄마 이거 봐바~"

"엄마 밖에 나가~"

"엄마 안 잘 거야~"

안아~ 업어~ 내려~ 앉어~ 여기 저기 고기 조기~~

하~~~~~도 불러 싸니 이거 원… -_-;;

그래도 고 아깽이 때가 귀여웠다는 걸 머잖아 느끼게 된다.

'든 시즌'이 도래하기 때문이다.

모든 말을 ~든으로 끝내며 에미를 돌아버리게 만드는 시즌.

"~됐거든"

"~알거든"

"~할거거든"

근데 아무 것도 전~~~혀 안 되어 있고

전혀 모르고 있고 전혀 안 할 거라는 게 문제다.

그 말하는 품새와 꼬락서니가 완전 재수똥이다.

고 주댕이 한번 손끝으로 짝!

소리나게 한번 때리고 싶어 뒤진다.

어디서 배워오는 건지 나~참…

허나. 고때 마저 순수하고 귀여운 시절이라는 걸

애가 사춘기를 넘어가기 시작하면서

그 철없는 여인네는 뒷 목을 잡으며 빡치게 되니…

그 무시무시한 넥스트 레벨은

10대 후반 내내 이어지는 '아- 시즌'

뭐라고 말만 하면

"아- 어쩌라고"

"아- 알겠다고"

"아- 괜찮다고"

아- 빡쳐!!! 뇌출혈 위험!!

증말 이 세 말만 돌림노래처럼 반복한다.

다시 옹알이 시즌으로 돌아간 것처럼.

먼 산 보는 동태눈을 해 가지고 저 세 문장만 반복한다.

그냥 미쳐버린다. 미쳐 돌아버리겠다.

절대 어쩌지 않을 거 알고 절대 알지 못하고 있으며

절대 이대로는 괜찮지 않은 거 지나가는 뿌미도 안다.

단, 이 시기 아이의 지성과 감성은

우주 폭발로 눈부시게 성장해

어미를 찜 쪄 먹으며 초사이언급이 되어 있다는 것!

지구인인 어미는 그 어마어마함을

가늠조차 못 하고 있다는 것!

그렇게 세 문장을 무한 반복하다가

조용해서 뭐 하나 싶어 들이다 보면

잔다. 자고 있다.

내 자식은 잘 때가 제일 이쁘다고 누가 소리를 내었어~!

10대 청소년을 내 손으로 키워보지 않은 자

그 입 다물지 못 할까~~!

완벽한 지구화는 언제쯤 되는 것인지.

아니면 극적으로 지네별 이성의 외계인을 만나

결혼이라는 지구의 관례를 빌려 같이 살게 되는 것인지.

도대체가 이 외계인은 나에게 왜 온 것인지

당췌 알 수가 없다 이 말이지.

싸움의 여러 가지 원인이나 연유를 따지거나

다툼의 대의명분을 정리해 볼 필요도 없다.

"말투"

"그 당시 나의 상태"

그 두 가지의 캐미가 싸움을 만들 수도,

그냥 아무 일 없이 지나가게 할 수도 있다는 거다.

아이의 자연스러운 성장과정 중 한 단면인

'재수 없게 말하기 학원생 시즌'을 다들 거치는데
고때 엄마인 내가 책 읽고 공부해서(선행이면 더 좋고
현행이라도 해야 한다. 아님 쳐 울면서 후행이라도 하든가)
아무렇지 않게 오야오야~하며 넘기느냐
"너 어디서 배워먹은 버르장머리 어깨 무릎 발이야~!!!"
악쓰며 개판을 만드느냐는 온전히 엄마에게 달렸다.
최대한 혼내지 말고 싸우지 말고
죽을 힘을 다해 싸움의 위기를 넘겨야 하지만
그러지 못할 게 딱 느껴지면 개처럼 싸우면서
애도 지 깊은 속마음 다 토해내게 해.
그래서 싹싹 빌면서 영국편지 써 보여주며 사과할 때
몰라줘서 미안했다고, 심하게 말해서 미안하다고
사죄하면서 더 많이 끌어 안아주고 아가처럼 보듬어줘.
싸움의 목적은 적 만들기가 아니라
아이와 내가 둘이 함께 '성숙'해지는 것이라는 거
절대 잊지 말고.
겉으로 보이는 페이크에 넘어가면 절~대 안 된다.
그 뒤에 숨겨진 아이의 마음을 읽어야 하고
그 아이의 사사롭고 때로는 위중한 고뇌와 고단함을
알아차려 어루만져 줘야 해.

휴… 이래 육아가 어렵다…

그니까 언니야가 제발 한 놈만 낳아 잘 키우라는 거고.

비록 수학 못 해서 수포자였고

과학 못해서 과포자였던 우리지만

'육포자'는 되지 말아야 하지 않겠냐~

아… 그래…

담번엔 시원~한 쏘맥에 육포 좀 뜯어 놔라.

내 또 들리마.

PART 04
말년 병장

이럴 거면
책육아하지 마라

이제 슬슬 발육아 되는 거 같지?
슬슬 까똑, 밴드, 공구, 웹 쇼핑, 모임에 눈 돌아가지들?
생각도 하지 마라. 막판에 훅~간다.

엄마가 성장하지 않으면
애 제대로 못 커

비교하지 마.
옆집 머절맘

책육아로 잘 크고 있는 내 자식 어찌 될까 걱정돼서

만날 때마다 어린이집 보내라는 단지 엄마들… 너무 고맙지.

평생 책만 보는 꽉 막힌 꽁생원 될까 싶어 온갖 문화센터,

홈스쿨, 학원 친히 알아봐주는 동네 엄마들… 정말 상냥해.

게다가 오전에 놀이터만 나가도

왜 말만한 처녀(3살이다. -_-;)를 엄마가 끼고 있냐고

일장 오바마 연설을 재현하시는 노인정 할머니들까지…

아주 그냥 전 인류가 내 자식의 미래를 걱정해

어찌할 바를 모르는 이 친절한 지옥.

아 놔~ 왜들 이래. 내가 알아서 잘 키우고 있구만.

무시해라. 이웃집 좀비들. 부러워서 그러는 거다.
원래 그래. 사람 심리가. 지들 편에 한 명이라도 더 동참시켜야
자기들의 선택이 더 탄탄히 합리화되고 안심이 되니까.
그래야 일도 안 하는 엄마가 기저귀도 채 못 뗀
지 자식 어린이집에 맡긴 데 대한 죄책감…
조금이라도 덜어질 것 같거든.
말 듣지도 마. 귀 닫아.
뭐하러 쓸데없는 비교와 판단으로 감정을 낭비하니?
애 눈 맞추고 대꾸해주고 뒤꽁무니 따라다니기도 바쁜
이 군대 육아 기간에…
아이의 하루는 어른의 1년인데…
애도 살고 나도 살려고 죽을똥 살똥 발광을 하고 있는 거구만.
시끄럽다 그러구 뭐라고 덧붙여 씨부리면 그냥 쌩까!
일찍부터 원에 보낸 지 자식 은근 자랑하며 빈정 건드려 놓아도
우아하고 고결하게 법정 스님 미소 지으며 말해.
"그래. 니 똥 굵다."
어차피 말 섞어봤자 괜히 내 속만 터져. 피곤하고.
읽기 독립 안 된 그 엄마랑 뭔 대화를 하고 토론을 벌여.
그렇게 속 시끄러워져 집에 오면 또 누구 잡니? 내 새끼 잡지.
안 그냐?
"자기~ 요즘 애 뭐 읽혀? 뭐부터 사면 돼?"

허구한 날 물어봐 싸서 백날 입 아프게 얘기해줘 봤자
바로 사지도 않고 고민만 하다가 또 뻘짓하고 다닐 거
누가 모를 줄 아냐고. 한두 번 당해?
미친년 꽃다발처럼 화창한 이런 봄날.
동네 엄마들, 절친들 죄다 삼삼오오 팀 짜서 한양 숲, 애벌랜드
돈 지랄 나들이 몰려다니기 딱 좋은 이런 봄날,
집 앞 놀터랜드에서 애새끼 그네 45번 밀어주다가, 모래 놀이
56분간 동참해주다가, 미끄럼 고문으로 사선을
넘나드는 너희들…
그게 얼마나 의미 있고 고귀하고 엄청난 깨달음을 요하는
행위인지 나는 안다. 지금은 내 새끼만 끼고 부비 대고,
안아주고, 업어주고, 쭈쭈 주고, 책 읽어주고, 눈 맞춰주고,
뜨겁게 사랑하기에도 시간이 모자란다는 걸 이미 깨달은
내공의 화신들이라는 걸…
지금은 뒷동네 거지가 누나~할 모습이지만 남들보다 빨리
제대한 '리얼 책육아, 배려 육아'로 인해
애는 물론이거니와 애보다도 서른 배는 멋져진 사회인의
모습으로 멋진 날개 달고 훨훨~ 날아갈 너희들이 내 눈엔 보여.

누누이 말하지만 애가 읽어달라고 들이댈 때 뜯어내며
억지로 재우지만 않아도 내 아이는 알아서 잘 커.
지 인생을 지가 살아. 멋지게!

그 순간에 정말 멋지고 당당하게 내 이름 석 자 내밀며
악수 청할 수 있도록 지금 이 순간 육아 내공 열나게 쌓으렴.
**여자 인생에서 가장 큰 성장을 이룰 수 있는 기회가 바로
'육아 기간'이거든.** 그 지옥 같은 전투를 아이와 온몸으로
치뤄나가면서 사회 어디에서도 얻을 수 없는 깊은 깨달음과
내면 성찰을 이루어낼 수 있어. 안 믿겨? 못 믿겠어?
속고만 살았나, 님하.
아이 책육아, 내 책 육아 미친 듯이 들이 파다 보면
내 밑바닥에 깊이 숨겨진 나의 상처, 불안을 직시하게 되고
그걸 내 아이를 통해 극복해내다 보면 미처 느껴보지 못했던
나의 잠재력과 어여쁜 내 본 모습을 발견하게 돼. 내가 그랬어.

평생을 못생긴 줄 알고 살았던 나, 펑퍼짐한 검은 옷으로 최대한
날 감춰야만 한다고 생각했던 나. 하은이의 있는 그대로를 사랑
하면서 있는 그대로의 나도 인정하고 보듬어 주게 되더라고.
괜찮더라. 나. 예쁘더라. 그렇게 시작됐어. 나 사랑하기 숙제.
육아를 통해서. 비로소…
그거 엄마들 와르르~ 몰려다니면서 절대 못해. 그 숭고한 작업.
미친 듯이 책 읽고, 육아하고, 깨닫고, 동영상 찾아보고,
또 책 읽고, 아이 사랑하며 눈물로 감싸 안고…

자, 오늘부터 '판단. 평가. 비교. 자책'은 인생 사전에서
완전히 지워 버리는 거다.

그 홀가분한 마음으로 내 아이를 있는 그대로 바라보는 거야.
얼마나 신기 방통한 녀석이었는지,
얼마나 기발하고 대찬 깐돌이었는지,
이 어마어마한 녀석이 어떻게 내 뱃속에서 나왔는지
기특하고 고마워서 눈물이 날 거야.

상처받지 마.
시월드

작전명: 84-0037 시월드 개. 무. 시

목적: 생존 및 이혼방지

행동 강령: 흘려 듣기

가상 훈련 지령: 시어머니-〈까이유〉, 시아버지-〈메이지〉,

　　　　　　　시누이-〈도라〉

훈련 이수 과정: 7080 무한 반복 재생을 통한 DVD 주제가

　　　　　　　흘려듣기 훈련

훈련 조원: 간나 새끼(밤에는 천재, 낮에는 들떨어져 보이는 내 자식)

간첩 수행 이미지: 어벙한 며느리 or 돈 터치 미친뇬(선택할 것)

출정일: 오늘! 롸잇 나우!

명령 불복종 시: 총. 살.

추가 명령: 죽지만 마라.

난 왜 이런 집에 시집왔는가~! 연애하던 1년 동안 난 뭘 했는가~!
왜 그 인간은 말하지 않았는가. 왜 이리도 완벽히 은폐하였는가.
조국이 날 버린 건가?
남들은 모두 하하 호호 '즐거운 나의 집'을 합창하며
비둘기 날리고들 있는 것 같은데 왜 나만 이런 낯선 공간에서
업둥이처럼 무시를 당하며 살아야 하는가? '신문고' 어디 없나?
북이라도 치며 억울한 사연을 울부짖고 싶은 내 마음…
눈에 들기 위해 온갖 명절 음식에 오곡밥에 아홉 가지 나물 무쳐
대령해보았으나 높디높은 고매한 시집 취향에 가당치도 않았어.
열 번의 노력에 이은 열한 번째의 도전마저 성공해내야지만
'괜찮은 며느리'의 직분을 하사받을 수 있었으나 그게 어디 쉽나?
이제 '예쁜 며늘아기'는 포기.
눈 밖에 나지만 않으려고 발광을 해보지만 실수에 대한
두려움과 훈계에 대한 무서움으로 인해 왜 잘하던 것마저
어벙어벙 실수만 해댔던 건지…
회사 다닐 땐 이리 어리바리하지 않았었는데 나 왜 이렇게 됐지?
처음 만들어 보던 잡채 재료 중 표고버섯 대신에 느타리버섯
사 왔다고 "넌 너희 집에서 배운 게 뭐니?"
내 몸뚱이가 순간 버러지로 변신하는 것만 같은 모멸감…

아, 이거구나. 그래도 큰 용기 낸 어느 날

"어머니~ 저도 엄마~라고 부르면 안 될까요?

가깝게 느껴지도록요."

"얘, 나는 그거 아니라고 본다. 엄마 싫다." "네."

연속 어퍼컷. 울어서 부어터진 눈땡이. 멍들대로 멍든 내 가슴…

그 가슴 부여잡고 어떻게 살았는지 기억이 안 난다.

아니 기억에서 지워진 것 같다. 나 살려고…

세상은 참 공평해. 하느님은 지혜로우시고. 다 주지 않으시지 꼭.

괜찮은 놈을 골랐더니 그 팀이 완전 폭탄이야.

돈 잘 버는 놈 꽤 차면 주말마다 시댁 가정부로 살아야 하고…

시댁이 천사면 남편이 돈을 못 벌고 만날 말아먹어.

이래서 엄청 불행한 년도, 엄청 행복한 년도 없는 거야.

완벽한 균형.

내가 살아보니 그렇더라.

겉으로 보이는 것과 실상은 정말 너무도 달라.

남들은 모두 행복해. 나만 너무 불행하고…

특히나 남편이랑 한판 하거나

시댁에서 두 판쯤 당한 날은 더더욱…

그때는 애고 나발이고 다 필요 없어. 그냥.

특히 애비 닮은 아들은 그냥 조사지는 거지. 자근자근…

나만 왜 이렇게 살아. 그 쉑히는 지 좋다고 일하고 회식하고

사람 만나고 할 꺼 다하는데 왜 나만 집구석에서 사람 취급
못 받으면서 이 고통을 당해~!
못 참아~ 마구 질러 버릴 거야~ 마우스 어딨쒀~! 빠이야~~!!!
한 마디로 빙. 신. 택배 오면 후회막급. 카드 명세서 날아 오면
자살 충동. 그르지 마. 결국 내 손해야. 내 자식 망가지고.
개무시해. 어차피 시월드 팀원들은 며느리인 나를
상처 주기 위해 이 땅에 태어나신 분들이야.
그게 그분들의 임무인 거야. 뭐하러 맞서.
뭐하러 고민하고 되뇌고 앉았냐고. 그냥 그러려니 해.
원래 내적 불행이 너무 많은 사람들은 어딘가 자신의 풀지 못한
상처를 쏟아낼 만한 상대를 찾아다녀. 그러다 딱 찾아낸 거지.
며. 느. 리.
얼마나 잡아먹기 좋아. 사회적으로도 고부 간의 갈등이라는
이름으로 대놓고 합리화해주니 에헤라디야~인 거지.
시어머니 감정의 쓰레기통이 내가 된 거라고 생각해.
그 스트레스 가슴에 품고 갈등하면 결국 사랑하는 내 새끼가
내 감정의 쓰레기통이 또 되는 거라고.
지금 내 친정 쪽 내적 불행의 대물림도 푸느라 고생하는데
시월드 쪽 내적 불행 라인까지 추가로 떠안고 싶어?
됐습니다. 됐고요.
오늘부터 시어머니를 〈까이유〉라 생각해.

흘려 듣기 겁나 잘될 거다.

애랑 같이 〈까이유〉 주제가 몇 번 반복해서 들었어?
한 500번은 들은 것 같지 않아? 근데 주제가가 들려?
외운 사람 있어? 한 명도 없지?
그렇게 흘려버리는 거야. 뭐라고 또 씨부리시는 건지
"아이 돈 노우~ 열라 뽕따이~" 해버려.
그래야 나의 상처를 건드리지 않게 돼.
이어폰을 껴도 좋아. 근데 티 나잖아.
그니까 흘려듣기 내공은 반드시 쌓아야 한다. 얘들아.
그래도 이건 도저히 아니다 싶어서 두 주먹이 불끈 쥐어지면
그땐 눈 똑바로 마주치고
"이러 저러 요러하니 건드리지 말아주세욧!" 하고 이야기해.

절대 맞서지 말고. 일 크게 벌이지 말고. 짧고 굵게.
그거 하려고 책 열심히 읽으라는 거야.
말이 주저리주저리 하지 않고 임팩트 있게 탁! 나가게 되거든.
어리버리 빙신 출신인 내가 해봐서 알아.
우리의 목표는 행복한 내 인생이지 '착한 며느리'도
'불평, 불만, 투덜 라이프'도 아니야.
정신 똑바로 차리고 오늘부터 출정이다.
진격 앞으로~!!

왜 자꾸 남의 집 자식들 어찌 커 가는지 묻고 다녀~?
안 그래도 돼. 그냥 '내 집'이라는 왕국에서 은하계 유일한
똘끼 까꿍이로 키우면 된다고.
내 아이만 보면 그 아이의 꼬물거림 하나까지도
신기하고 놀랍고 박수와 탄성이 절로 나오잖아.
언제 기고, 언제 걷고, 언제 말하고, 몸무게는 몇이고,
키는 몇 센티인지 그게 뭐가 그리 중요한데.
그리고 중요하면 어쩔 건데?

강요하지 마, 남편노무스키

우리 책육아의 가장 큰 적이자 가장 강력한 훼방꾼.
'적은 내부에 있다'는 진리를
굳이 매일 깨닫게 해주는 고마운 분.
밤에 애 재우기 위해 온갖 지랄을 해대는
성장 호르몬 맹신주의자.
지 핏줄인데도 애 잘 크는 꼴을 못 보고 애 망치기
프로젝트를 차근차근 진행하는 수퍼 히어로 악당.
책은 왜 자꾸 사느냐, 다 읽지도 않았는데 왜 전집은 또 들이느냐,
애 일찍 재워라 키 안 큰다, 애 끼고 집에만 있으면 안 된다~
허구한 날 어쩜 그리 에피소드도 안 다채롭게 간섭해 쌌는지…

자기는 어린 시절에 책 안 읽어도 잘 컸고 회사에서도 인정
잘 받고 사는데 왜 어린애를 이렇게 책은 많이 사 쟁겨서는
이상한 육아법으로 '공부'시키냐고 맨날 훈계야.
참나… 지가 잘 컸대. 지가… 헛. 참 내…
안 그래도 도와주는 이는커녕 인정해주는 이 하나 없는 이 길…
같이 정 나눠 낳아놓은 아이 하나 잘 키워보려고
이렇게 피똥을 싸고 앉았는데 도와주면 좀 좋아?
도와주기는커녕 방해 공작의 연속이니 정말 살 수가 없어.
아예 안 들어오는 게 낫지 맨날 밤 10시경에 들어와서
TV부터 켜고 소파로 슬라이딩~!
완벽한 혼연일체 무아지경을 시전하며
혼자만의 깊은 휴식으로 돌입한다.
"오빠~ 나 빨래 돌리게 하은이 좀 봐줘~"
빨래 널려고 와보면 정말 눈으로 애를 보고만 있어.
눈구녕으로…
손에는 리모컨. 다리는 소파에서 내려놓지도 않으셨어.
(저걸 죽여, 살려?)
그러니 내 입에서도 말이 예쁘게 나올 리가 없지.
육아서 좀 같이 읽자고 375번을 이야기했으나 콧방귀도 안
뀌고 자기는 책으로 인생을 사는 건 아니라고 생각한다나?
직접 경험하고 부딪히며 깨달아가는 게 진짜래. (쟤 뭐래니~?)

그리고 책 읽는데도 삶이 일치하지 않는 너 같은 사람 보면
더 읽고 싶지 않아진대.
(전쟁이냐? 막장 드라마 한 판 찍자는 거야?)
못 참아~ 죽여~~!!!!!!!*&^%^$&^))&^$%$*$^)_)(*
헌데, 그런데 그 사이에서 정작 죽어 나가는 건
귀한 내 자식이었어. 불쌍하게도.
그 분이야 뭐 싸우기 싫다고, 자기 야근해서 너무 피곤하다고
이불 뒤집어쓰고 다음날 새벽에 출근해버리면 땡이지만…
난 하루 종일 에너지 폭발해대는 강아지 수발들어야 된단 말이야.
아 억울해. 억울해 미치겠어. 왜 나만 이래야 해?
나도 당신이랑 똑같이 공부했단 말이야. 힘들여 공부해
입사하고 비슷하게 월급 받고 잘 나가던 사회인이었다고!
내가 지금 할 일 없어서 유모질 하는 것 같아?
신나서 이거 하고 있는 것 같냐고~!
남편 출근한 아침부터 내내 손과 발은 일상처럼 움직이지만
마음은 시궁창이야. 얼굴? 당연히 썩지. 매사에 까칠까칠.
애만 갈구고. 애가 얼마나 무섭고 쫄렸을 거야.
지는 잘못한 것도 없는데… 아이구. 아이구 짠한 것…
'남편이랑 싸우면 이틀 육아가 망한다.'
내 훗날 노인 대학 논문 주제야.
결론은 뭐겠어. 싸워봤자 소용없다는 거지. 명백한 내 손해.

무엇보다 애가 너무 불쌍하잖아.
애미야 커피라도 마시고, 맥주라도 퍼마시며
아줌마들이랑 수다라도 떨며 풀지만
걔는 어디다가 풀 거야.
그 쪼끄만 게 술을 한잔하겠어? 친구한테
전화해서 수다를 떨겠어? 녀석에게 책이라는
친구가 없었다면 아마 미쳤을 거야.
걔… ㅠㅠ

그냥 혼자 성장해. 미친 듯이
책 읽고 책육아 열심히 하고.
그게 정답이야. 남편 데리고 가려 하지 마.
절대 함께, 동시에 성장 못 해. 둘 다 망해.
제발 육아서 한 장이라도 읽어달라고
애원하지 말고,
조언하고
가르치려 하지도 마.
인수분해도 못하는
애한테 미적분
가르치는 거 헛짓이야.
그리고 제발 육아서 어설프게
읽고 남편 쳐 잡지 좀 마.

그게 가장 꼴갑이야.

내가 그래서 엄청나게 피 봤었거든.

책 좀 읽으니까 막 어깨에 힘 들어가면서

책 안 읽는 인간들은 막 후지게 보이고 내가 선행을 베풀어

가르쳐줘야겠다는 사명감이 막 불타오르는 거지~!

젤 만만한 게 누구였겠어? 하은이 애비지.

아주 가~관이었어. 내가 부끄러워서 살 수가 읍써.

어줍지 않은 독서와 지식은 교만함의 상징이야.

어느 정도 읽고 내공을 쌓기 전까진 차라리 입을 닫아.

그게 개쪽 당하지 않는 비법이야.

그냥 나는 전쟁 과부네, 남편은 전쟁통에 잃었네,

밤마다 들어오시는 분은 돈 받고 치는 하숙생이네 생각해.

실제로 돈 주잖아. 25일 날.

주문을 걸어. 끊임없이. 그리고 몸으로 실천하며 살아.

열심히 애 키우고 책 읽고 세상 공부하며

하루하루 즐기는 모습을 1년, 2년, 3년 보여주면

어느 날 내 옆자리에 '인생 친구'가 딱! 앉아 있어.

내 꾸준함과 애씀에 알게 모르게 감동한 한 남자가.

물론 오래 걸려.

내적 불행 많은 놈은 징허게 오래 걸려. 각오해.

홀로 선 두 사람이 만나는 게 결혼이었는데 우리 실수로

서로 기대려고, 의지하려고, 서로 사랑받으려고
불법 혼인해버린 거잖아.

진짜 멋진 사람이 '혼자 있는 사람'이거든.

혼자서도 멋진 사람.

누구 남편, 누구 엄마, 누구 딸, 누구한테 사랑받는 여자라서
부러움 사는 게 아니라 김선미! 최하은! 그 자체로 빛이 나는
그런 사람이 정말 멋진 거더라고.

그런 빛이 되는 과정이 육아야. 멋지지?!!

휩쓸리지 마.
누가 뭐래도 애 엄마는 나

"애가 11개월인데 벌써 걸어요? 좋겠다~ 우리 앤 아직인데…"
"20개월인데 그 집 딸 말 진짜 빠르다~ 우리 아들은 벙어린데…"
"색깔 벌써 구분해? 숫자도 10까지 다 알고? 뭐 시키면 돼?"
"영어 아웃풋 빵빵 터져서 언닌 정말 좋겠다~ 우리 앤 안 되나 봐."
"우리 애 수학 젬병인데 새미 키즈가 나아? 마담 니즈가 나아?"
팥다방에서도, 홀리스에서도, 네슐리에서도 죄다 그 얘기들이야.
지 자식 남의 자식 비교하기 놀이, 줄 세우기 놀이.
조금이라도 뒤처지기라도 하면 얼른 돈으로 발라주기.
워낙 시국이 시국이다 보니 미쳐버리겠는 불안함에
나는 후지게 컸어도 내 자식만큼은 한 살이라도

어릴 때부터 시켜서 똘똘하고 건강하게 키우고자 하는 맘
내 모르는 바 아니야. 근데 아이들은 모두 356가지의
다른 성향을 지니고 태어나 속도도, 모양도, 방향도
다~ 다르게 커 나가는데 어찌 애들을 한 라인으로 줄을 세워?
그게 가능하다고 생각해?
왜 자꾸 남의 집 자식들 어찌 커 가는지 묻고 다녀~?
안 그래도 돼. 그냥 '내 집'이라는 왕국에서 은하계 유일한
똘끼 까꿍이로 키우면 된다고. 내 아이만 보면 그 아이의
꼬물거림 하나까지도 신기하고 놀랍고
박수와 탄성이 절로 나오잖아.
언제 기고, 언제 걷고, 언제 말하고, 몸무게는 몇이고,
키는 몇 센티인지 그게 뭐가 그리 중요한데.
그리고 중요하면 어쩔 건데?
애돌애돌 하며 애 키우면 그 스트레스 담뿍~ 담은 눈빛으로
애가 잘도 크겠다. 밤샘 뻘검색으로 피곤한 몸으로
애랑 어찌 놀아주고 어찌 밥을 해먹이겠느냐고~
고작 하는 거라고는 키 작으면 고기, 우유 열라 맥여 애 몸 더
망가뜨려 놓을 거고, 일찍 못 걸으면 잼보리 등록해서 시간 맞춰
다니느라 애 잡을 거고, 말 늦으면 언어 치료받으러 다니며
멀쩡히 잘 크는 애 낙인찍을 거고. 영어책 잘 읽어주다 아웃풋
안 터진다고 원어민 있는 영어 학원 등록시켜 애 괴롭힐 거잖아~

딴 엄마랑 말 섞어서 도움될 거 하나 없고, 네이버 검색해서
여기저기 들락거려 물건 사재 껴봤자 청소꺼리만 늘어.
애 잡는 건 뽀나쓰~!
지금 내가 하고 있는 책육아, 배려 육아가 최고의 트렌디한 명품
육아법이니 딴 데 기웃거리지 말고 꾸준히만 해.
나도 주변에 엄마들 드럽게 많고,
직업이 사람 만나는 일이니 듣는 소리 얼마나 많겠어~?
극성 엄마들은 이미 특목고 준비를 초3부터 긴박감 넘치게
준비해 들어갔다고 하고, 국제중 넣으려면 초1부터
과목별 학원에 비밀과외까지 시켜대며 다이나믹하게
특수 훈련시키고 있는 거 디테일하게 다 알고 있어.
물론 그 로얄 코스의 삶은 애 목도 가누기 전에 이미 프~라인과
몽테~라인을 양가랭이에 끼워줘야 함은 기본인 거고…
근데 그렇게 돈 육아로 키워진 아이들의 실상마저 너무나 깊이
알아버렸다는 거야. 얼마나 불쌍하고 처참한지.
그 '교육'을 가장한 치밀한 장삿속과 인터넷에 넘쳐나는 일명
고수맘들을 이용해 불안하고 조급한 이 땅의 엄마들을
흔들어 놓는 고도의 영업질이라는 게 딱 보여서
더 반대로 살 수밖에 없었던 거야.
그래서 더 미친 듯이 책만 읽어줬어. 시간 구애받지 않고…
그 웅녀로 바보같이 지낸 3년이 지금의 하은이를 만들었고

초딩 발육아를 만든 거야. 타고 난 두뇌나 유전, 발 빠른 엄마의 정보력 전혀 상관없이…

정말 대박 맛집 비결 별거 없고 손맛이라더니… 똑같아.
진짜 별거 없어. 책도 족보 없어. 아무거나 싼 거 사서 읽혀.
원래 책육아는 서너 질이 쪽박 차야 한 질
대박 나는 거거든.
시행착오 겪으면서 내 자식의
책 취향과 몰입 분야를
깨우쳐가는 거야.
근데 비싼 것으로 계속 질러봐.
비싼 전집 한 권도
안 보는 내 자식
배려 깊은 사랑할 수 있는 눈
대한민국에 어디 있겠어? 읍써~
까꿍이 3만 원짜리 《곰곰이》 봐봐.
130만 원 전집 뺑까잖아.
4만 원짜리 《개구쟁이 특공대》
들이면 유딩들이 잠을 안 자.
7만 원짜리 《한국고전천자문》에
빠져 밤새 읽느라 등교 거부하는
초딩 내 자식 모습에

눈에서 눈물이 쳐 흐를 것이여.
돈도 안 들어, 시간도 쳐남아 돌아,
싸돌아다니지도 않으니 체력도
안 떨어져, 필 충전한 날 밥 든든히 먹고 가까운
서점, 도서관 나들이 다니니 부담도 안 돼.
아 놔~ 이거 1석 28조야.

육아는 꼭대기에 반드시 올라가야 하는
등산이 아니야. 파도타기지.
'내 아이'라는 파도를 타는 거야.

처음엔 나도 하은이라는 파도가 너무 괴상망측하고 엽기적이고
예측 불허여서 맥을 못 추겠더라고.
그러면서 파도한테 넌 왜 그 모양이냐구 발광을 해댔어.
지가 제대로 탈 줄 모르는 건 생각하지도 않고…
그만둘까도 생각하고 그냥 확~ 바다에서 나가 딴 일 해서
돈이나 벌어볼까? 고민도 여러 번 했었는데 결국 실수하면서
엎어지면서 파도의(내 자식의) 모양과 흐름을
파악해내야 하는 게 애미의 역할이자 의무였어.
파도타기에 슬슬 익숙해지고 요령이 생기다 보니 어랍쑈~?
재밌는 거야~!
파도에 몸을 싣고 재주도 부려대고 스릴도 만끽하면서 숙제와도
같던 그 파도타기 자체를 즐기게 됐어. 재미있게. 신나게.

어느 날 보니 사람들이 나한테 자꾸 묻네?
어떻게 그렇게 잘 타게 됐냐고.
특별한 비결이 뭐냐고. 빨리 말해달라고.
진짜 없어. 그냥 파도에 몸을 맡겼어.
즐기려 노력했고 그러다가
파도타기 자체를
즐기게 됐고 잘하게 됐어.
이젠 그 파도를 뜨겁게
사랑하게 됐어.
아주 뜨겁게…

무너지지 마.
명절 피폭

"욕이 넘실대고,
울화와 억울 병이 치받아 올라오는 아름다운 명절,
괜히 건드는 시금치들 이름 적어 보내주시면 지푸라기
인형 만들어 대바늘로 쏘셔드리죠."
지난해 구정 때 내가 고객들에게 보냈던 안부 문자야. 대~차지?!
명절만 되면 전녀, 나물녀, 설거지녀로 투입돼
포도씨유로 목욕을 하며 강제 노역에 시달리는
이 땅의 수많은 며느리들.
팔자 한번 드~럽지.
참고 참고 또 참다 결국 친정으로 건너가는 차 안에서

대판 한 번 해주고… 시월드 소속 개썅노무쉬키…
결혼과 동시에 갑자기 효자 된 그놈. 명절만 되면 갑자기 몸이
아프고 소파에서 잠만 쳐자는 바로 그놈.
몇 번 싸웠어? 그 쉐키랑? 세 번 이내면
성공이야. 두 번 이내면 고수고… 한 번도
안 싸웠다면, 음. 정이 읎는 거~ 그게 사람이냐?
도장 찍지 않았으면 됐어. 불쌍한 내 자식 족치지 않았음 됐구.
내 드러운 팔자 원망 마렴. 그냥 하나님이, 부처님이, 알라신이
날 특별히 사랑하시어 중한 곳에 쓰시려고
연단의 시간을 내려주시는 거라 생각하자.
시끄럽다고?! 연단이고 나발이고 닥치라고?!!
짱 나서 뒈져버리겠는데 뭔 소리냐고???!!!
알아. 알아. 누가 몰라서 그러간디~? 자~꾸 애 잡응께 그라지~
몸이 힘들면 갑자기 고달파지면서 속상하고 분함이 극에 달해
억울함이 막~ 몰려올 거야.
나를 이런 생지옥으로 몰아넣은 새끼가 저 자쓱인 것 같은데
지는 '난 몰라요~ 아무것도 몰라요~' 해맑게 TV나 보고 자빠져
있고… 내 친구들, 동네 엄마들은 죄다 편한 시댁에 명절날 잠깐
고생하는 거로 끝나는 데다 남편들도 전 부쳐주고 설거지
도와준다는구만 왜 나만 이래?
더군다나 난 내 집이 시댁이었으니

1년 열두 달 명절이나 매한가지였고, 명절은 더 미쳐.
속에서 뜨거운 화가 마그마를 뿜어대.
혼자서 용가리 돼서 불 뿜으며 전 부치고 있으면
옆에서 쪼끄만 애가 매달려 싸. 놀아 달라고 징징대고.
날 더 힘들게 하는 거 같아. 애가. 안 그래도 힘들어 죽겠는데…
그럴 때마다 지랄거렸어 내가. 별것도 아닌 걸로 트집 잡아서…
명절 말미쯤 되면 애도 나도 온 가슴이 너덜너덜 만신창이…
밤새 죄스런 마음에 녀석한테 사과 편지를
쓰다 쓰다 팔이 아팠다니까.
어차피 해야 하니 기꺼이 감당해야 함이 옳다 생각은 하는데
나도 모르게 자꾸 불평불만 꼴 배기 싫어~송이 쳐나오니
아주 미쳐 버리겠더라고.
돌이켜보니 남이랑 비교해가면서 스스로 불행 배틀에 빠져들어
버렸던 내 잘못이었어. 내 안의 착한 아이가 칭찬받고 싶어서.
칭찬은 안 해주고 내 수고와 노력을 당연한 걸로 취급하니
화딱지가 났던 거지. 어차피 할 거, 무슨 칭찬을 바라고
인정을 바랬던 건지.
내가 날 칭찬하고 '잘했다, 참 애썼네.' 해주면 됐을 것을…
결국 내가 처한 환경의 문제가 아니라 내 마음의 문제였던 거야.
내가 이렇게 고생했으니 빨리 궁디 팡팡 해 달라~
머리 쓰다듬어 달라~ 너도 친정에 가서 개고생해봐라~

요구할 필요가 없는 거였어.

그냥 내가 할 만큼하고, 못하겠는 건 그냥 쿨하게 못하겠다 말하고 할 수 있는 선에서 탁~! 해내면 되는 거였어.

화내봤자 내 손해, 싸워봤자 내 손해, 억울해 해봤자 내 손해야.

그냥 넘겨. 쿨~하게. 잘 안 되더라도 계속 해.

그렇게 넘기다 보면 모든 세상사가 다 똑같다는 거 알게 될 거야.

명절이든, 시댁이든, 일이든, 인간관계든…

내 속 시끄럽지 않아야 밖에 일도 흘러가. 꼬이지 않고…

열심히 책 읽고 넘기고, 또 책 읽고 대면하다 보면 어느 날 돼.

살아만 있어. 아프지 말고… 그럼 인생 성공이야.

ps. 우리 꼭 다음 생애엔 북유럽 쪽에서 태어나는 걸로…

모조리 다 끊어!
TV | 까똑 | 카드 | 공구 | 웹 쇼핑 | 모임

TV

내가 반평생을 TV 중독녀로 살아왔던 것은
다 그만한 이유가 있었어.
24시간 중 단 1초라도 TV가 꺼지면 숨을 거두시는 울 아버지.
스크루지 영감 뺨따구 후려칠 살아 있는 근검남이셨으나
왜 TV 전기세는 안 아끼셨던 건지…
TV 흘려듣기, 집중 보기 국가 공인 전문가이니 뭐 결혼하고도
그 쉑히랑 듀엣으로 맨~날 TV 속으로 귀귀!!
그런 내가 힘겹게 얻은 딸내미 하나 잘 키워보겠다고

TV 끄고 녀석의 까꿍이 눈 맞추고 놀아주며 보내느라
얼마나 좀이 쑤시고 괴로웠겠냐고…
생각해보니 모성이 쬐끔 나오긴 했었나 봐. 그거 참은 거 보니…
그러다가 녀석이 네 살쯤 한글 떼고 그다음 해쯤
읽기 독립이 되면서 내 시간이 조금씩 생기고,
무한 반복되는 단순 노동이 몸에 익어감과 동시에
다시 TV 시청이 컴백요~맨~ 돼부렀어.
한국 드라마로도 모자라 미드까지 밤새 쳐보다가 그 다음날
피곤해 죽겠다고 죄 없는 애 잡고, 육아 힘들다고
신세 한탄 해 쌌고…
완전 익사이팅한 반병신 생활로 애 잡고 몸 망가뜨리고
정신 무너뜨리기를 수백일…
어느 날 갑자기 딥빡침이 몰려오며 이건 아니다.
이래 살아서는 내 인생 남는 것 하나 없겠다는
깨달음이 느껴지는 거야.
순간 옆을 보니 눈물 뚝뚝 흘리며 나의 온전한 관심과
존재로의 사랑을 갈구하는 녀석의
초롱한 눈망울이 보이더라고…
내가 이 녀석을 놔두고 뭔 짓을 한 건가 싶었어.
밤새 가슴을 쥐어뜯다가 다음 날 TV 선을 확~!
뽑아버렸지. 가차 없이.

녀석 여섯 살쯤…
어머. 어므나~ 시간이 왜 이렇게 많이 남아?
나 그동안 왜 그러고 산 거니~?! 세상이 달라지더라고.
아예 안 나온다 생각하니까 보고 싶은 생각조차 안 들어.
완. 전. 신. 기! 책 읽을 시간이 자동으로 남아돌더라고.
그동안 애 보느라 읽을 시간 없다 징징댔는데 오메…
내 눈깔을 파버리고 싶더라.
TV가 켜져 있지 않은 아침이 얼마나 평화롭고 따사롭고 우아한지.
게다가 녀석과 놀거리들을 끊임없이 찾게 되고, 머리가 돌아가고
녀석 또한 온 집 안에 널려있는 사인펜, 크레파스, 물감으로
지 나름의 무료함을 스스로 채워갈 줄 알게 되더라고. 자동으로.
애 혼내고 다그칠 일도 없어져. 삶에 활력도 생기고.
결론은 애 키우는 집엔 TV가 절대로 나오지 않아야 해.
아무리 좋은 프로그램이어도 집에 TV가 틀어져 있는 한
절제력 제로인 우리는 그 시간과 수위를 절대로 조절 못해.
애 잘 때 틀어서 애미, 애비 보는 것도 안 돼.
피곤하고 지친 심신을 쉬어줘야지. 자고 책 보고
휴식할 시간 홀라당 의미 없이 뺏겨버려.
재밌어서 어쩔 수가 없다고? 이 낙이라도 없으면 어떻게 사냐구?
그럼 그동안 그렇게 살아와서 얼마나 멋져졌는데~? 아니잖아.
물론 애랑 있는 동안 TV 소리라도 웅웅대줘야 이 외롭고 쓸쓸한

젖소 애미, 식모살이의 괴로움을 잊을 것만 같겠지.
아냐 그거. 얻어지는 게 10이라면 잃어버리는 게 100인 허무
게임이라고. 언제까지 애가 불러도 TV 속에 시선 꽂혀 건성으로
대답하며 애 눈빛 놓치고 살 건데? 육아서를 읽으면 뭐하냐고~
촉을 이빠이 세우고 있어도 놓치기 쉬운 아이의 발달과 욕구를
TV 때문에 놓쳐버리면 나중에 누가 책임져 주겠냐고~
그럼 TV 끊고 하루 종일 중처럼 조용히 염불만 외며
지내야 하냐고? 아니, 아니~ 인비오 플레이어가 있잖아.
TV에 연결해주면 우리 집이 극장인데~
이제부터 우리 집 TV는 '인비오에 연결된 커다란 모니터'야.
재미난 영어 DVD 언제든 볼 수 있게 해주는 커다란 모니터.
쓸데없는 광고나 해로운 영상도 안 나오고 막장 드라마나
무서운 뉴스도 나오지 않는…
집에는 녀석과 내가 미치도록 빠져들 만한 재미난 책들로
우리만의 도서관이 만들어지고, 꺼내기도 허접한
재활용 놀잇감들이 넘쳐나게 될 거야.
녀석이 충분히 놀다가 멍~ 때리다가 책 보다가 자다가
재미있는 영어 DVD 보며 모국어처럼 영어가 녀석의 삶에
스며들고, 나이에 맞는 청소년 시트콤에 빠져들며
그 나라의 문화를 자연스레 익히게 될 거고.
나도 책 진도 안 나갈 땐 좋아하는 다큐나 강연 프로그램,

〈유퀴즈〉〈알쓸신잡〉 같은 꽂히는

프로들 유료로 다운받아 머리 식히며 봐.

그렇게 다운받아 봐야 내가 '갑'이 되고 TV가 '을'이 돼.

끌려가지 않고 비로소 나에게 약이 되게 할 수 있어.

넘쳐나는 시간 속 읽어대는 책들로 인해 아이와 나의 엣지는

더더욱 살아나고 그야말로 트렌디한 인재로 자라나는 거야.

나도 아이도.

남다르게 살고 싶다면, 남들과 다른 삶을 살아야 하지 않겠니?

어떤 길을 갈 것인가는, 내가 오늘 무언가를 더 구입하고

무슨 정보 하나를 더 꿰차는 것보다 내 삶에서 나의 시간과

에너지를 좀먹는 불필요한 행동과 습관 하나를 과감하게 딱~!

잘라 없애버리는 게 천만 배 중요한 거야.

오늘 당장 TV 뒤쪽 케이블 선을 뚝~! 자르고.

백만 년 의무사용으로 계약하고 돈 미리 땡겨 쓴 SK 뽕짝밴드,

엘지너 플러스, 콕 TV에 철판 깔고 전화해.

"끊어주세요"라고 말하는 행동이 나와 내 아이의 미래를 바꿀 거야.

TV는 가전이 아니야. 살아 있는 생명체지.

한 번 키면 절대 안 꺼지거든.

그 쉑히가 지랄해? 죽어도 안 된대? 발장구치면서 칭얼대?

싸워서 이겨야지~! 애는 결국 엄마 책임인데.

애교를 부리든, 술상 봐주고 봉산 탈춤을 춰주든

무조건 설득해. 끝!

까똑

뭔 구시대적인 씨불거림이냐고?

그니까. 나 나름 트렌디한 스마트녀라구.

근데 오죽하면 이러겠냐고~

까꿍이들의 눈빛이 하루가 다르게 여물어 가는데…

애미를 향한 갈구의 눈빛이

시시각각으로 깊어지는데…

별 의미도 없는 까똑질로 엄마를 향한

눈빛과 매달림을 여지없이 씹어버리니

이건 아니잖아.

아이가 날 향해 다가올 땐 하던 설거지,

걸레질도 딱~! 멈추고 놀아줘야 하거늘.
이건 뭐 집안일로 밀리고, TV에 밀리고, 컴터질에 밀리고,
이젠 스마트폰질, 까똑질까지 뒤로 밀려버린 그 어린 영혼의
허전한 마음은 생각해 봤냐고~!
그 아이가 기다려도, 매달려도 오지 않는 애미의 눈빛에
지쳐버리면 엄마는 물론 세상 누군가의 부름에도 무덤덤한
차가운 아이로 커버린다고. 공짜라서 끊을 수가 없다고?
그니까 의미 없는 뻘 톡만 주고받고들 있지~
짧게 주고받고 또 주고받고…
'자기 최고! 으으~' '자기가 더 최고!'
아이콘까지 공유해가며 또 보내고. 그러다가 하루해가 다 가고.
좋아? 의미 있어 죽겠어?
그 엄마 인생의 쏘울 메이트가 되어가고 있는 거 같아?
잘 생각해봐. 진정한 인연은 절대 그런 바람 같은 의미 없는
공짜 문자질로 나에게 다가오지 않아. 절대.
직접 얼굴을 보고, 눈을 맞추고, 진정한 '대화'를 나누며 맺어지지.
좋은 사람은 좋은 사람을 알아봐. 냄새처럼 라디오 전파처럼.
좋은 사람이 나를 지나쳐 갈 때 날 바로 알아볼 수 있도록
열심히 책을 읽고 깨닫고 애 키우며 살고 있어야 해.
책 읽을 시간 없단 얘긴 하지 말자 이제. 선수끼리.
까똑, 까스질에 허투루 시간 뺏겨버리는 거 다~ 보고 있어.

그리 자극적이지도 않은 종이책보다 손으로 쓱쓱~ 밀어가면서
넘겨보는 그 다채롭고 스펙터클한 스마트 기기가 더 편하고
재밌는 거 누가 모르니? 특히나 지루하고 따분한 까꿍이와의
둘만의 시간 중엔 더더욱 땡기겠지.
근데 그리 1년만 살아봐 어디…
안 그래도 어렵고 복잡한 육아.
시시각각 폭풍 성장하며 엄마의 기민한 반응과 소통을
요구하는 까꿍이 육아의 방법들을 책 읽고 줄 치고
노트에 적어가며 공부하느라 하루해가 짧던데, 난~
책이라도 읽어야 그나마 살 수 있겠던데, 난~

시골에서 돼지를 치는 사람도 돼지 사육에 관한 책 수십
권을 보는데 하물며 돼지보다 사천오백 배는 귀한 '사람'을
양육함에 있어 어찌 책 수십 권을 안 보고 동네 어멍들,
인터넷 속 어멍들한테 물어들 쌌는지…

폰 내려 봐. 그리고 아이 눈을 봐. 얼마나 엄마를 오래 간절히
기다려 왔는지 들여다 봐봐. 눈물이 날 거다.
사랑은 엄마가 주고 싶을 때만 주는 게 아니라 아이가 원할 때
주는 거야. 그러려면 엄마가 무언가에 홀려 있으면 절대 안 돼.
그 시간 길지도 않아. 5년? 아니 3년 만이라도 해줘. 금세 지나가.
직업이 영업인데 까똑 없는 FC는 아마 나밖에 없을 거야.
공짜로 정보 쏘고, 공유하고, 얼마나 유용하게 쓸 수 있는지

내가 왜 몰라.
근데 나의 집중의 시간, 몰입의 시간을 까똑까똑! 거리며 다 잘라
먹고 앗아가 버리는 악랄함에 치를 떤 후 바로 지워버렸어.
근데 눈앞의 떡을 내려놓았더니 도리어 더 멋진 시간의
주인공이 되어가. 더 깊은 인연이 늘어나고…
일은 아 놔~ 너무 잘 돼서. 허헛.
한 손에 스마트폰 들고 절대 애 잘 못 키워. 내려놔. 다 지워버려.
애 키우는 엄마가 스마트폰이 무슨 필요가 있어?
애 엄마에겐 시간이 젤 중요한데…
잠시라도 자고 제대로 먹고 쉬어줘야 아이가 원할 때
달려가 줄 수 있다고. 춘천 사는 친한 동생이 그러더라고…
"언니 말 듣고 2G로 바꿨더니 삶이 달라졌어요~
그동안 내가 왜 그렇게 살았는지 모르겠어요~"
바쁘지도 조급하지도 않은 편안하고 넉넉해진 엄마로 인해 마냥
행복해진 아이의 미소가 얼마나 보석 같은지
그때 보이더라는 거야.

내가 멋진 사람이 되려면
뭔가를 하려 하기보다 내 인생을 좀 먹는
쓸데없는 습관들을 솎아내면 돼.
하루는 길지만 1년은 넘 짧아. 10년은 더 짧고.
엄마들의 눈물이 넘 늦지 않기를…

자, 오늘부터 '판단, 평가, 비교, 자책'은
인생 사전에서 완전히 지워 버리는 거다.
그 홀가분한 마음으로 내 아이를
있는 그대로 바라보는 거야.

'녀석을 고쳐주어야 한다' 생각하고 바라볼 땐
녀석의 모든 행동이 오답이었는데…
'녀석이 정답이다'라는 눈으로 바라보니
녀석의 모든 행동이 위대해.

[카드 | 공구 | 웹 쇼핑 | 모임]

너무한 거 아니냐고? 그니까 군대 육아잖아.
군인이 누가 쇼핑하구 모임 나가고 카드 긁고 다니니?
말도 안 되는 소리 하지 말라고? 어허. 이 사람이! 잘 생각해봐.
하루 종~일 시간 투자하고 신경 쓰고
돈 버리고 하는 것들이 죄다 저것들 때문이다.
특히나 나의 '생각'을 완전히 지배하는 것들이 저거야.
내 아이가 얼마나 예쁜지, 눈빛이 얼마나 사랑스러운지,
내 앞에서 하루가 다르게 커가고 입이 터지고 몸이 재빨라지는
모든 변화들을 내 눈에 담으면 하루하루가 가슴이 벅차고
뿌듯해져서 그나마 고단하고 어렵고 지루한 육아가
해볼 만한 게임이 된다고.
헌데 하루 종일 뭘 살지, 뭐가 공구가로 올라왔는지,
메일엔 무슨 이벤트가 떴는지, 동네 엄마들 모임은 몇 신지,
뭘 입고 갈지 온통 그 생각들뿐이면

애가 안 보여. 정작 중요한 내 애의 눈빛과 몸짓이.

도리어 갸는 그냥 잠만 잤으면 좋겠고,
가만히 앉아서 책이나 봤으면 좋겠고,
내가 웹 쇼핑하고 최저가
검색하고 1+1 기회를 놓치지 않기 위해

마우스 들고 최고의 기량을 발휘하는 동안

나한테 매달리지 않고 24시간 영상이나 봤으면 좋겠잖아.

그럼 애가 뭐가 되는 줄 알아?

응. 바 to the 보.

난 열라 몰입하고 전투적으로 하루를 보낸 것 같은데
애가 바보야.

남들보다 싸게 산 공구 장난감들 열라 쥐어줬는데
애가 바보야.

라인 타느라 이 모임 저 모임 옷 뻔질나게 쫓아 다녔는데
애가 바보야.

카드 빵꾸 내면서 내 것도 아닌 애 책 장난감 교구만 열라
샀는데 애가 바보야.

누구한테 항소를 하고 누구한테 변명을 늘어놓을 거냐고~

나 진짜 하루 24시간 열심히 살았다구…

이미 뇌도 귀도 상처받고 내면도 닫혀버린 내 자식

돌이킬 수 없는데 그때 가서 누굴 탓할꺼냐구.

진짜 자식을 잘 키우는 게 뭔지 잘 생각해보라는 거야.

저런 뻘짓들에 홀릭되면 내 자식에게 편안한 마음으로

주야장천 책 못 읽어줘.

불안하고 조바심 나서 뭐라도 사야 될 것 같고

남들처럼 꾸미고 다니며 여기저기 기웃거려야 할 것 같아

집안에서의 진정한 육아에 몰입할 수가 없게 된다고.

아이에 대한 24시간 희생을 하라는 말 아니야.

자기 먹을 것 안 먹고 저고리 춤에 떡 숨겨와 내 아이

먹이라는 거 아니고, 전쟁통에 내 자식 살리기 위해

총알받이 되라는 거 아니야.

헌데 지금은 그때보다 더 무시무시한 전쟁통이라는

느낌 안 오니? 매스컴이, 인터넷이, 스마트폰이, 무상교육이

내 아이를 온전히 사랑할 수 없도록 만드는

못된 북한 괴뢰군이고 잔인한 일본 놈이라는 생각 안 드냐구.

그것들은 대놓고 나쁜 놈들이라 욕할 수라도 있지.

이것들은 너무나 고급스럽고 우아하고 세련된 옷을 입고

엄마들을 두려움이라는 총으로 수시로 위협해.

'이거 안 사면 애 망가져.' '지금 애 안 보내면 애 바보 돼.'

'남보다 싸게 사는 게 절약이고 현명한 주부의 덕목이야.'

질러~ 질러~ 그렇지~! 카드 하나 더 만들어~

잘한다~ 얼쑤~!

… … …

육아는 소비가 아니야. 사랑이어야지.

나 또한 저 짓거리 오지게 해봤기 때문에

이렇게 초리얼할 수 있는 거야. -_-;

그나마 읍씨 키운 까꿍이 시절의 책육아 몰입이 있었기에

지금의 하은이가 된 거고, 내 뻘짓에 내가 어이 상실해 뒷목 잡고
다 끊어버린 그 날의 결단이 지금의 나를 만든 거야.
내 장점이 귀 얇고, 손 빠르고, 깊이 빠져드는데,
일단 깨달으면 바로 끊어.
'대한민국 미친놈 널뛰기 연합회 전국지부장'이야.
난 유전인자가 '절제력 제로'인 거 너무나 잘 알거든.
그래서 접근조차 안 하게 하는 거야.
일단 발 들이면 시궁창행잉께.
그게 TV, 까똑, 밴드, 공구, 웹 쇼핑, 카페 활동, 뻘모임을
모조리 끊어버린 이유야.
보아하니 너님들도 나와 별반 다르지 않을 것 같구먼.

끊어 당장. 새 세상이 열려~

군대 육아 10년 후,
하은맘의 편지 #4

평생 '공부 저력'을
키워주는 게 책육아다

박식해지고 싶었어 난…

평~~~생 소원이었드랬지.

아니 그름 대학원도 가고 박사도 따고

평생 공부하고 연구하며 살 것이지

왜 허구 헌날 술 쳐먹고 놀고 자빠지고 앉았음?

음… 그르니까 그게 말이지…

대학 시절엔 대학원 가고 막 그럴 가정형편도 안 됐고

연애와 음주문화와 동아리 활동에 진탕 빠져 버려서

박식이 먼 가여 먹는 건가여~~~ 으헤헤헤~~~

4년 내내 인사불성&고주망태 상태로 쓰레기처럼 살다가

계절학기 들어가며 간신히 졸업 후 바로 취직해

일하며 돈 벌다 사내 커플로 눈탱이 눈맞아

러브송송 그 오빠랑(하은 애비) 혼인하고,

꽃길인 줄 알았던 흙길을 후회 된통하며 걷다가,

의술의 힘 빌어 귀한 여식 자손으로 하나 간신히 낳고서

다시 꽃길이 될 줄만 기대했던 나의 흙길은… 으흑…

흙길은 호사였어 ㅠㅠ 거서 멈췄어야 했어 ㅠㅠ

흙먼지 뿌연 그 길마저 똥길로 변하는 현장을 온몸으로 겪으며

"움마 일루와~ 나만 봐~

안아줘 업어줘 안 잘 거야 밖에 나가 놀아줘 심심해~"

240시간 연속으로 리플레이하는

고장난 거 같은 어린 여식 안고 업고 손잡고 온 동네를

그지 꼴로 싸돌아다니고

낮 밤 바뀌어서 윗집 아랫집 쿠사리 먹어 가며

쫓겨나기 일보 직전에 가까스로 탈출했던 희대의 썅년이자

독고다이 잔다르크맘. 그게 바로 나여~

그 전쟁과도 같고 전투와도 같은 버거웠던 시절을

기립박수 치며 잘했다 회상하며 나 스스로 칭찬해주고 싶은

유일한 한 가지 "책육아" 딱 그거 하나다.

남들 계속 보이지 않은 손가락질하고 조언질해대는 폭격

힘들게 개무시하며 (상처는 무지 됐음. 그래서 이를 갈았음)

계속 전집들이고 또 들이고

버리거나 팔아버리면 그 담날 찾으니 팔지도 못하고

이고지고 띠미고 앉아서 버틴 나의 16년.

그 이후는 희대의 명저인 《십팔년 책육아》에 나온 대로

지가 이제 진짜 양심에 찔려 공부 좀 해야것다

싶을 때 어랍쑈~ 다 이해되는데~ 넘 쉬운데~

싶게 만들어주는 공부머리 만드는 과정! "이자"

접하고 싶은 지식을 접하고 싶은 순간에 접하게 해주는

운영 체계! "이자"

놀고 즐기면서 학습이 저절로 되는 학급선행이 아닌

"평생 두뇌 선행" 그 자체다.

집에 애가 재밌어 할만한, 아니

재미없어 해도 언젠가는 볼 수도 있을 양질의 책이

'꽂혀 있음'과 '없음'은

아이의 긴 인생을 놓고 볼 때 천지 차이다.

더불어 학습 만화가 두서너댓 개라도 꽂혀 있으면 만화만 본다.

말짱 꽝이다. 버려. 팔아. 시누이 동서 올케 절친한테.

도서관도 보내지 마. 학교 도서관도.

만화만 읽고 앉았다.

맛갈나게 무친 고사리나물, 시금치나물이랑

서브웨땡 BLT샌드위치 같은 밥상에 놓여 있으면

당연히 샌드위치 먹지. 두 개 먹지. 그걸 말이라고 하냐.

그런 하루하루가 모여 이루어지는 게

내 아이의 삶이고 인생이고 두뇌이고

'공부 저력'이다. '학습 역량'이고.

귀신을 속여. 우린 못 이겨.

대충 얼버무리며 핑계 댈 생각일랑 하지도 마라.

암기력, 문해력, 독해력, 수리력, 창의력, 메타인지 등…

한큐에 키울 수 있는 게 바로 책육아다.

자 제대로 정해준다.

책육아에서 말하는 책은

"내 집 거실에 꽂혀 있는 책만이다."

PART 05
민방위

제대 후 쉬크한 발육아녀, 사회로 나갈 준비하다

제대를 축하한다.
시월드 관리와 재테크 능력까지 완벽하게 갖춘
최정예 요원으로 멋지게 사회에 침투할 일만 남은 거다.
그 어떤 임무를 맡든 완벽한 육아 내공으로
거칠 것이 없을 것이니 쫄지 말도록!

애 잘 키운 엄마는
뭐든 잘해

돈 지랄도
내적 불행이다

왜? 제목만 봐도 염통이 확~ 쪼그라들지? 뒷목이 서늘하지?
왜 자꾸 사질러 대. 응?
시아부지가 이건희야? 남편이 빌 게이츠니?
애 때문에 어쩔 수 없다고? 돈 쓰는 거 전부 애 기저귀에
물티슈에 옷, 책, 장난감, 육아용품들이라고? 얼씨구~!
그렇게 말하고 나면 맘이 좀 편하지?
나름 희생적이고 헌신적인 엄마인 것 같아 덜 부끄럽지?
아니 그래도 적당히 사재껴야 말이지.
원래 아이의 편안하고 여유로운 삶을 위해서는 돈이 별로
안 들어가는 게 맞는 거라고. 우리네 조상들이 그러했듯.

할머니들이 시골에서 손자 키우듯이 기본적인 물품들 몇 가지
사는 거 말고는 그 이외의 물건들은 죄~다 과소비라니깐.
'잉.여'
남들 시선 의식한 치장용 물건이자,
남들에게 잘 보이기 위한 겉치레이자,
나름 세련되고 의식 있는 엄마임을 보여주고자 하는
보이기용이자, 남편에게 받지 못한 사랑을
대체하고자 하는 분풀이용 소비인 거야.
언젠가는 필요하겠지 싶어 미리 사놓는 뻘공구 물건들.

한마디로 '쓸데없는 소비'

어찌 이리 초리얼하게 잘 아냐구? 왜겠어?
내가 그리 해봤응께 알지.
지금 집 안을 한 번 휙~ 둘러봐.
조리원 동기네 집 놀러 가서 보고 따라 산 저 덩치만 커다란
장난감이 꼭 필요한가? 카페 공구 때 후기가 하도 좋아
급하게 산 저 수납함이 없으면 안 되는가?
못생긴 내 자식 조금이라도 예뻐 보이게 하려고
비싸게 산 원피스가 없으면 애가 어찌 되는가? 말이다.
없어도 사는데 전~혀 문제 안 되는 것들이 90% 이상이야.
잉여 물건들.
그저 그 제품의 존재를 친구네서 혹은 이웃 블로그에서

발견하는 순간 앗~! 내가 이렇게 편리한 세상을 몰랐단 말이냐~
라는 탄식과 더불어 저걸 질러댐과 동시에 나의 삶은
옴팡지게 스피디하고 편안하고 세련된 인텔리 라이프가
될 것만 같은 환상에 사로잡히는 거지.
그 순간만 참으면 되는 건데… 지름신의 부르심에 순종하기 전
0.1초의 레드 썬~!이면 되는 건데…
단 0.001초만이라도 아파트 대출 빚이 얼마인지,
끈 한 개도 읍는 남편의 월급이 얼마인지,
후진 시댁, 더 지랄스럽게 후진 친정의 현실이 어떠한지…
모아놓은 저축 잔액이 아메바 코딱지만큼도 안 되는 현실이
얼마나 스산한지, 똫~! 정신 줄만 잡으면
안 지를 수 있는 거라 말이다.

이 세상에서 젤 바보 같은 생각이 남들에게 뒤처지지
않으려면 그와 비슷한 '소비'를 해야 한다 생각하는 거야.
남들 사니까 나도 대출 쳐 안아 집 사고,
꿀리는 것 같으니까 할부로 차 바꾸고, 여행 다니고,
외식이 일상이고, 모임에, 나들이에…

올해도 역시 덧없이 돈 지랄하며 그리 살아 보니까 어때?
보람차? 가슴이 행복으로 막 부풀어 올라?
남들 따라 돈 쓰고 찝찝한 기분… 이게 바로 행복인 것 같아?
30대. 결혼과 육아를 평계로 미래를 대비하는 일을 절대 미루면

안 되는 시기야 얘들아. 미래 준비를
시작할 마지막 기회거든.
**무엇보다 중요한 게 '빨리
돈 모으기를 시작'하는 거야.**
재무 관리고 재정 컨설팅이고
나발이고 그런 거 하겠다고
설레발치지 마. 그거 하겠다고
알아보고 고민하는 시간에
슬금슬금 또 쓴다니까~

돈은 모래알이야.
들어오자마자 나 모르는 어딘가 빨리 덜어서 묻어놓고 '나는
모르오~' 해야 모이지, 손에 쥐고 있으면 스스스스~ 없어져.
월말 돼봐. 항상 없지? 누가 가져간 겨? 도둑맞았나?
도둑이 훔쳐 갔으면 신고라도 하지.
그 도둑 눈이 난데 대체 누굴 잡아가래니? -_-;
무조건 모으고 봐야 해. 월급의 50%! 무조건. 얄짤없이.
그리고 애 꺼 자꾸 사지 말고 나를 위해 의미 있게 돈 써.
월급의 10%를 부부의 '자기계발 비' 명목으로
멋지게 소비하는 거야.
예를 들면 나를 위해 한 달에 10권 이상 내 책 사서 읽어.
빌려 읽지 말고. 그래야 내 꺼 돼.

봉황 마트 오픈 기념 수건 갖다 버리고 온전히 나를 위해
순면으로 된 좋은 수건 사서 쓰고. 엄마들한테 안 꿀리려고
옷 사 입겠다 폭풍 검색질 하지 말고 한살림 가서
유기농 야채 사다가 현미 채식 해봐.
자연스레 살 빠지니 1만 원짜리 티셔츠 한 장 입어줘도 간지 쩔어.
한 달에 한 번씩 나라에서 하는 아이 돌보미 불러 4~5시간
맡기고 목욕 가서 때 밀고, 스타벌레 가서 아메리카노
시켜놓고 혼자 우아 떨며 책 봐.
남에게 보이기 위해 쓰는 돈은 이제 그만~
어줍지 않은 품위 유지 따위 잊어버려.
진정 나의 내면을 풍요롭게 하고 나의 피곤을 풀어주고
내 눈에 내가 예뻐 보일 수 있는 데 투자해.
돈은 그렇게 쓰는 거야.
자~ 돈 지랄 방지 솔루션 나간다!

1. 카드 잘라. 안 그럼 사채업자한테 손모가지 잘려.

2. 의미 없이 아줌마들 만나지 마. 그날 밤에 무조건 지르게 돼.

3. 월급 10%는 자기계발 비! 내면을 갈고 닦는 데 투자할 것.

하은맘 육아 재테크, 5:10:5 법칙

금 숟가락 입에 물고 재벌가에서 태어난 애 아니면 애한테 무리하게 돈 쓰지 마. **애한테 돈은 지금 쓰는 게 아니야. 나중에 진짜 제대로 쓰는 거야.** 지금 비싼 국민 장난감 처 앵기고, 비싼 옷 입혀 등원시키고, 학원, 학습지, 영유, 문센 골고루 시켜서 돈 다 써 버리고 모으지 못하면 나중에 애한테 진검승부로 돈 퍼부어 줄 때 어쩌려고? 책육아로 성공해서 공부 잘하면 별로 안 들 거니까 걱정 말라고? 오~ 노우~! 애가 공부를 못해도 드럽게 돈 많이 들지만 공부를 잘하면 더 들어가는 게 바로 돈이야.

결정적 시기에 애 재능이 온몸에서 뿜어져 나오는데,
공부에 대한 열정이 눈에서 흘러넘치는데 동네 독서실에서
문제집 풀라고 할 거니? 실컷 놀고 즐기고 나서 느즈막이 축구건
음악이건, 미술, 건축, 요리, 철학. 그 어떤 분야에서건 스스로
깨달은 인생의 꿈 앞에서 돈 없다고 주저앉히게 할 거야?
내가 왜 하은이를 지금 읍씨 키우는데~!
왜 좋은 거 비싼 거 멋들어진 것들
접하지 않게 하는데~!
지금은 그깟 것들 택도
필요 없는 시기거든.
해줘도 티도 안 나고…
남들이 까꿍이 유아 초딩 때
의미 없이 처바르는 돈,
난 한 푼도 안 건드리고
다 모으고 있어. 녀석 앞으로.

열라 많이 모았지룽~ 녀석도 알 만큼 ^^
나만의 육아 재테크 '5:10:5 법칙' 알려줘?
내가 내 아이 인생을 양육자로서 20년을 책임진다고 했을 때
그 시기를 5년, 10년, 5년으로 나눴어.
초기 5년에는 미친 듯이 끼고 사랑만 줘.
돈 최대한 안 쓰고.

중기 10년 동안은 열심히 일하며 살아가는
엄마의 뒷모습을 보여줘.
후기 5년은 그 전에 모은 '돈' 주는 거지.
애 커서는 돈으로 밀어주는 게 사랑이야.
그 돈을 지 공부하는 데 쓰든, 사업하는 데 쓰든,
예술을 하든 예능을 하든, 오지 탐험하며 인류를 위하는 데
쓰든 그건 지 마음이고.
애가 꿈을 펼치려 할 때 혹 재정적인 뒷받침이
필요할 수 있는 그때 돈은 없고 '그렇지만 난 너를 존재
그 자체로 사랑한단다' 하면 퍽이나 좋아하겠다.

애 어릴 땐 품을 열어주는 게 사랑이고,
애 커서는 지갑을 열어주는 게 사랑이야.

돈 때문에 아이의 꿈을 주저앉게 하는 건 부모로서
절대 해서는 안 되는 일이라 생각해 난.
헌데 그 돈이 내가 젊은 날 남들 따라 의미 없이 흐지부지
써버리느라 아차~해서 주머니를 못 만들어놓은 과오 때문이라면
그때 돼서 땅을 치고 후회한들 무슨 소용이 있겠냐고.
그렇다고 당장 튀어 나가 돈을 벌어 모으란 얘기가 아니야.
지금 허투루 남 따라 쓰고 있는 돈.
그 돈만 안 쓰고 모아도 한 달에 30만 원은 족히 나와.
그러다 애 한창 민감기인 유아기 때 다양한 자극해주지 못해

애 잘 크지 못하면 어떡하냐고? 그럴 일 절대 없다니까!
지금 엄마들이 시키고 있는 수업들은 '교육'이라는 이름을 두른
장사일 뿐이야. 진정한 발달 자극과 체험 활동은
돈을 들이지 않아도 얼마든지 채워질 수 있어.
장난감을 사주지 않아야 휴지 깍대기, 주방 조리 도구, 휴지,
테이프, 쌀, 비닐, 밀가루 등 온갖 살림 찌그래기들을 가지고
놀며 진정한 창의력과 상상력을 쑥쑥 발달시킬 수 있는 거야.
애가 원하든 원치 않든 정해진 시간에 정해진 정답이 있는
수업을 시키지 말아야 아이가 원하는 시간, 장소, 재료를 만들고
대체해가며 놀이의 목표를 스스로 이루어나가는 진정한
창의 인재가 돼가는 거라고. 그렇게 키워진 애. 여기 있잖아.
북한 출신 하은이.
자동으로 육아가 잘 된다는 얘기지. 돈 안 쓰면…
이걸로 논문 쓰면 나 '노벨 평화상' 정도는 받지 않겠어?
간디 선미.
어여~ 책 봐. 줄 치면서. 폰 내려놓고. 뭐 사지 말고…

소비는 즐거움이 아니야. 위로도, 스트레스 해소도 안 돼.
상처 치유는 더더욱 안 되고.
더 큰 고통을 안겨주고 집안일만 더 만들어.
열심히 책 읽고, 몰입 육아해서 내공 키우며
나 자신이 '명품'이 되어가면 물려받은 내복 바람에
거지 비주얼 모녀가 10년도 넘은 베비라 유모차에 태운 녀석
데리고 나가도 절대 후져 보이지 않아.

애 눈빛이 말해주거든.
자기가 얼마나 고급스럽게 자라고 있는지…
귀한 사랑 받으며 럭셔리하게 커가고 있는지…
얼마나 큰 내면의 힘을
엄마로부터
배워가고 있는지…
그 눈빛은 지나가는 똥개도
알아봐.

초기 5년에는 미친 듯이 끼고 살아만 줘.
돈 최대한 아끼고 모으면서.
중기 10년 동안을 열심히 일해 돈 벌어.
후기 5년엔 그전에 모은 '돈' 주는 거지.

애 어릴 땐 품을 열어주는 게 사랑이고,
애 커서는 지갑을 열어주는 게 사랑이야.
돈 때문에 아이의 꿈을 주저앉게 하는 건 부모로서
절대 해서는 안 되는 일이라 생각해 난.

돈 모아라.
섹시하게

커피 한 잔 찐~하게 타와 봐.

언니가 지금부터 쓴소리 좀 씨부릴꺼야.

그래. 월급날이다. 오늘. 월급쟁이 남편을 둔 눈들에겐

큰 기쁨과 축배의 날이어야 하는… 워때~ 들~?

하은맘 따라쟁이들 됐담서?

카드 자르고, 마트 안 가고, 모임 절단하고, 홈쇼핑, 웹 쇼핑,

공구, 행사. 다 끊었겠지? 월급의 기쁨이 이젠 한 20여 일 가주고

있겠지? 뭐?! 아직도 하루를 못 가?

오후쯤 다 빠져버리고 백 원 남아?!? 커피 말고 접시 물 떠와.

코 박아. 아직 뒈지지는 마. 더 들어야 해.

열심히 살고, 아껴서 살고, 낭비 안 하려 노력하고…
그래 다 좋아. 근데 얼마 모았니?
얼마씩 모으고 있어? 깬 거 말고.
얼마 동안 모아서 뭐 사고, 여행 가는 소비성 저축 말고.
인생의 목적 자금을 위한 장기 저축들 말이야.
별로 없다고? 남편 연봉 얼만데? 떠올려 봐. 3천? 4천? 5천?
그거 다 쓴 거예요. 결국… 본인이. 어이없지?
외국 유학 가서 공부를 하고 온 것도 아니고, 사업 자금으로 쓴 것도 아니고… 그렇다고 어디 크게 기부를 한 것도 아닌데 그냥 숨 쉬고 밥 먹고 애만 키웠는데… 그거 다 쓴 거라구.
맞벌이들은 더 찔릴 껴. 남들보다 두 배로 번 거 이리저리 거의 다 썼잖아. 의미 없이… 별거 없이… 남는 것 없이…
이래저래 돈 들어갈 데가 많았다고?
그럼 그거 제외하고 더 아껴서 모았어야지~!
그래야 애 맡기고 일하는 보람이 있지.
집 대출 때문에 너무 많이 나가서 모을 엄두를 못 냈다고?
이자가 500이 나가? 1,000이 나가?
누굴 속여? 귀신을 속여~
그리고 이자만 100이 넘어가는 그런 대출은 애 저녁에 받지를 말았어야지. 어여 팔든가. 집값 속수무책으로 떨어지고 있는데.
주택 구입에 다 때려 붓는 거 아냐. 이제.

집은 5~6억이면 떡 치지만 노후는 한 달에 200만 원씩만
쓴다고 해도 40년 치면 10억이 넘게 필요해.
애들 교육 자금만 해도
애 하나당 3억이고
둘이면 6억.
애 셋 엄마?
축하해요. 9억~!
애 대학등록금은
매해 7~8%로 인상되어 가고 있고,
초고령 사회 1등인 우리나라의 노후 기간은
기하급수적으로 늘어가고 있는 게 현실이야.
100살 돼도 안 죽어. 죽지 않아~
불사조 된단 소리야.
대신에 암 걸리고 병든 채로 오래 살게 될 거야.
돈 쳐든단 얘기지.
남편 일 그만두면 50줄. 수입 없이 둘이서 50년을 더 살아야
한단 얘긴데 무섭지 않니? 무슨 돈으로 살 건데?
그때 돼서 자식한테 기대는 건 죽기보다도 싫잖아.
허구한 날 돈 달라고 눈에 불을 켜는 시월드. 지겨워 죽겠담서~
다 쓰면 안 돼. 남편 수입의 50%는 무조건 저축해야 해.

강제 저축! 지출 통제!

결혼 1년차 건, 5년차 건, 10년차 건 나발이건 예외 없어.
단, 소비를 위한 저축 말고 장기 목적 자금 저축이 그중 70%는
돼야 해. 모으고 쓰고, 모으고 쓰고, 그거 백~날 해봐.
남는 거 하나도 읎지.
차도, 가전도, 비싼 물건도 모두 소모품이거든. 자산이 아냐.
이젠 집도 소모품이 돼버린 거 뼛속으로 알알이 느껴질 거다.
10년, 20년, 30년 후를 내다보고 모으는 인생의 목적 자금!

'노후 자금, 교육 자금,

주택 자금'

그걸 모으는 거라구.

목표한 기간까진

절대 깨지 않는

장기 저축!

미래를 위해서 월급날
저축부터 해놓고 남는 거 쓰는 거야.
월급날 자동이체로 카드 대금이 아니라 저축부터 목적에 따라
각각 촤라락~ 빠져나가게 해놓고서 남는 돈으로만 생활해.
남는 게 없어? 그럼 쓰지 말아야지. 카드 절대 쓰지 말구.
집 밖에도 나가지도 말고, 외식하지 말고, 사 입지도 말고
당분간 아무것도 하지 말아야지.
그럼 우찌 되느냐고? 살아지냐고? 고로옴~ 더 좋아져. 삶이…

외식 안 하고 집밥 해먹이니 건강 되찾게 될 거고,
입을 옷 못 사면 쪽팔려서 자동으로 모임 안 나가게 되니
남는 시간 육아서 보고 공부하고 책육아 열심히 하게 될 거고,
철마다 여행 못 가고 나들이 안 가니 집 앞 놀터랜드의
다양한 활용으로 애랑 사이도 더 좋아질 테고…
내 고객인 일명 '조직원'의 전투적인 저축 능력과
군대 육아 실상이 얼마나 멋지냐 하면, 애도 잘 키우는데다
본인들의 책도 나랑 같이 1년에 100권씩, 200권씩 읽는 것도
대단하지만 무엇보다 돈 잘 모으는 거.
허리띠 졸라매고 저축 시작하고, 없으면 안 쓰는 거.
그게 바로 그 누구도 무릎을 탁 꿇게 만드는 이유야.
어제 저녁 2,500원으로 세 가지 해 먹었다고 서로 감탄하고
이번 달 외식 한 번도 안 했다고 헹가래 쳐줘.
색 허옇게 바랜《월드 픽처북》100권짜리 3만 원에 건졌다고
기뻐하며 전화하지. 남들 애벌랜드 갈 때 우린 놀터랜드 다니구.
남들 코엑스 아쿠아리움 다닐 때 우린 동네 횟집 앞에서
개불, 낙지, 대게 공짜 관람해. 주말 럭셔리 캠핑 유행해싸도
우린 흥~!이야.
1층 거실 창 열면 울 집이 캠핑장이고, 펜션인 걸~
안 답답하냐고? 내 돈이 쌓여가는 즐거움이 천 배, 만 밴데 뭐가
답답해. 나 자신이 너무 기특해서 웃음이 실실~ 삐져나오는데…

나의 미래가 차곡차곡 준비되어 가고 있는 자의 여유로움은
아무도 못 따라온다고. 느껴보고 싶어? 무식하게 모아.
없으면 쓰지 말고. 그리고 남편한테 지금 문자 넣어.
'자기야. 정말 고마워. 힘들게 돈 벌어다줘서…
귀한 돈 잘 쓸게. 잘 모으고…'
속으론 욕이 치받쳐도. 오늘만. 25일만.
그리고 저녁 때 술상 봐 놔.
남편이 매일 업고 다닐 거다. 아주 그냥. 부부싸움이 웬 말이야~
인생 간지 나게 살고 싶니? 잘 들어.
돈 모아라. 섹시하게…

이 세상에서 가장 무서운 말
-초등편

#. 4학년 어느 여름

"요즘 어때?" "음… 뭐. 좋아~" "학교생활은?" "응… 재밌어~"
쿨~ 해 녀석은. 항상… 말도 별로 없어진 것 같네 싶다가도
어쩌다 방언 터진다 싶은 순간엔 영락없이 고문 들어와.
책육아로 잘 자란 초딩 딸내미와의 대화, 정말 아름답고
우아할 것 같지? 음. 나도 그럴 줄 알았어.
그럴 줄 알았다고~~~~!!

세상에서 제일 무서운 말 초딩편

3위. "엄마~ 그거 어디 있어?"
맨날 찾아. 뭘~ 네가 둔 거 네가 알지 내가 아냐?
넓지도 않은 집에서 뭐가 그리 맨날 없어지는지…
잘 놔뒀는데 없어졌다고?
잘 놔두지 뫄~! 대충 놔둬~! 작작 좀 찾어 싸!

2위. "앉아 봐봐~"
차라리 까꿍이 때 공포의 "일루와 봐!"가 나았어.
얼른 가서 옆에만 있어주면 됐거든 그땐.
옆에서 책도 보고 딴짓이라도 할 수 있었는데
지금은 딱 앉아서 지만 보래.
지 얘기만 딱 들어 달래. 아유, 지겨워~
그리고 대망의…

1위. "엄뫄~ 문제 내볼게, 맞혀 봐~!"
정말 이 세상에 이리 흥미진진하고 스펙터클한 퀴즈는 처음
들어볼 거라는 확신에 찬 눈을 희번덕거리면서 말을 하는데…
재미도 드럽게 없고, 어이도 없고, 우끼지도 않아.
나도 처음부터 심드렁한 표정을 짓는 게 아니라니깐~

나도 귀 명창 되려고 얼마나 연습하고 책 보고 연습했는데…
매번 비슷한 듯 다른 문제들.
넌센스도 아니고 안센스도 아닌 정체불명의 문제들…
이런 요상한 퀴즈들은 대체 어디서 알아오는 거야. 얘는?
누가 자꾸 퍼뜨리는 거지?
정말 독립투사들 물고문 뺑까는 고통의 네버엔딩 문제내기에
웃으면서 끝까지 반응해줄 수 있는 사람은 이 세상에 없어.
지구인 엄마인 난 그저 머릿속을 완전히 비우고 주둥이와 눈만
움직여 나만의 신공을 펼쳐.

"진짜? 우와! 대박! 헐~"

오랜 기간의 훈련과 다져진 내공이 있는 자만이 가능한
무림의 신공!
너무 재미없어서 "얘 뭐래니~?" 했다간
감성의 탯줄이고 나발이고 애 바~로 집 나가.
전쟁 같은 1학년, 한숨 돌리는 2~3학년, 과연 잘할지 4~5학년을
어영부영 지나온 민간 엄마로서 한마디만 할게.
특히 제대하고 일 시작하고 애 초딩 입학시킨 엄마 잘 들어.

#. 애 맨날 알림장 학교에 놓고 올 거야. 그리 알아.

#. 낼 학교 준비물은 밤 10시쯤 알려줄 거다.

"아~ 맞다!" 하면 바로 잠바 걸쳐. 입 틀어막고. 입 열면 욕 나와.

#. 비싼 거 사 입혀 보내지 마. 다 놓고 올 거니까.

애가 나눔과 베풂의 정신이 완전 간디야.

전부 다 학교에 기부해. 가끔 피아노학원에도 기부하고 놀이터에도… 길거리 벤치에도…

#. 받아쓰기, 단원 평가, 중간고사 시험
몇 점 맞았는지 묻지 마.

지 입으로 얘기하면 무조건 "우와~ 잘했다!" 해.

48점 맞아 와도 "우와~ 잘했네!" 해.

학원, 학습지, 문제집 뱅글뱅글 돌려 맞아오는 올백보다
천 배는 값진 점수야.

하은이도 1학년 때 대충 써도 상관없는 길이 계산 문제 mm까지
재고 따지고 푸느라 5번 문제에서 시간 다 보내.

나머진 거의 풀지도 못하고 75점 맞아왔었어.

디테일하게 적혀 있지 않은 문제 자체가 잘못이었는데
왜 얼른 넘기고 풀지 못했냐고 애를 얼마나 쳐 잡았었는지…

저녁에 울면서 사과했더니 애가 내 등을 토닥이더라.

"엄마, 사과해줘서 고마워. 엄마는 열심히 일하며 다니는데
하은이가 열심히 공부 안 했네. 이제 애매한 건 손들고
선생님한테 물어볼게."

애미가 누구고 애가 누군지… ㅜㅜ

책육아로 컸으니 공부도 잘할 거라는 기대…

특히 국어, 수학 잘할 거라는 기대는 애 저녁에 버려.

큰~ 상처받아 중이 될 수도 있을 게다.

애 초등 성적이 엄마 성적 절대 아니거든. 그리 생각하고

그리 꼬나보고 그리 치부하는 엄마들이랑은 말도 섞지 마.

진짜 성적은 애 나이가 마흔이 되었을 때

진짜 행복한 인생을 살고 있는가?

자기 자신에 만족하며 자신을 진정으로 사랑하고 있는가? 그거야.

나라에서 그걸로 엄마들 줄 좀 세웠으면 좋겠어. 진짜.

기념비도 세워주고 좀…

학교 성적만 봐도 초등, 중등 시험 성적 내신에 1점도 안 들어가요.

팽팽히 놀려요. 좀… 책 바닥에 깔아주고. 시간 널널이 좀 주고…

공부도 지가 땡겨야 뒷심 발휘하는 거거든.

초장에 잘해봤자 그거 오래 못 가.

시간적으로 애들이 치이고 부담 느끼면 널브러진다고.

'놔 버린 애들' 대통령이 와도 못 일으켜.

그래서 대치동 사립 고등학교에서도 젤 무서운 애들이

고2 때 시골 촌구석에서 갑자기 전학 와서

빡~ 치고 올라오는 애들이야.

열라 무서워 갸들… 우리가 그런 애들을 키우는 거라고.

특히 남자애들은 꽂히면 게임 끝이야. 뒷심 청년들… 개멋짐.

스마트폰 사주지 말고 애 마음을 읽어줘.

믿어주고 엄지 치켜세워주고…

'녀석을 고쳐주어야 한다' 생각하고 바라볼 땐
녀석의 모든 행동이 오답이었는데…
'녀석이 정답이다'라는 눈으로 바라보니
녀석의 모든 행동이 위대해.

너를 믿었다

다른 방도가 없었다.

다섯 살

전업주부로 집에서 애만 키우다가 갑자기 시작하게 된
내 일 때문에 다섯 살 갓 넘은 너를 집에서 가까운 어린이집에
급하게 넣어놓고 어찌 다니는지, 생활은 잘하는지,
챙겨준 기억이 별로 없네.
일에 관련된 공부하고 준비하느라, 밤새 도구 만드느라
피곤에 쩔대로 쩔어 하원한 널 눈앞에 두고도 제대로 놀아주지도

못했구나. 그저 널 믿었어. 잘 다녀주기만을…
힘들고 낯설어도 잘 적응해주기만을…
물론 그런 내 기대 여지없이 무너지고, 어린이집 알림장마다
너의 스펙터클한 행적들과 무법자스러운 행각들이
애미의 '착한 아이 콤플렉스'를 장도칼로 후벼대기 일쑤였고
그 때문에 훈육이라는 명분으로 잔소리에 호통에 악에 협박까지
수시로 일삼았었지만 바닥을 치면 칠수록 너의 잘못이 아님을
여지없이 깨닫게 됐었지. 아직은 엄마 품에 있어야 할 어린 것을
너무 일찍 사회에 집어넣은 내가 잘못이지. 네 잘못 하나도 없었어.
그래도 적응해줘 아가…

일곱 살

이른 새벽 6시. 촌각을 다투는 시각.
"엄마랑 헤어지는 거 너무 싫어~ 유치원도 가기 싫어.
엄마랑만 있고 싶어~ 하은이는 엄마랑 노는 게
제일 신나고 행복한데
엄마는 회사 가야 하고
하은이는 유치원 가야 해서
하은이 맘이 너무 슬퍼~ 엉엉~
월요일 아침부터 하은이도

이러기 정말 싫은데 눈에서 자꾸 눈물이 막 나.
엄마~ 엉엉엉"
졸음과 피곤함과 슬픔이 범벅된 너의
울음소리에 매서운 새벽바람만큼이나 마음이 쓰리고 따끔거린다.
인두로 지져지는 것만 같은 가슴을 부여잡고
이를 꽉 깨물고 친정에 맡기고 출근하는 360번 버스 안…
울음 섞인 너의 목소리가 핸드폰을 타고 애미의 가슴을 갈기갈기
찢어놓지만 월요일 만원 버스 안이라 울지도 못해 난…
일하는 동안 길 가는 일곱 살배기 여자아이만 봐도 눈물이 난다.
네가 너무 보고 싶어서, 정말 미안해서
그래서 난 대충 살 수가 없었어.
그리고 매일 꿈을 꿨어. 너와 더 함께 있고, 더 많이 행복해하고,
더 많이 부둥켜안고, 더 많이 깔깔댈 시간을…
조금만 더 기다려줘 아가…

여덟 살

그런 전쟁 같은 하루하루가 지나가는 와중에
네가 덜컥 초등을 입학하는구나. 어떡하니?
더 바쁜 직장에 들어가 버린 엄마는 코가 귀에 붙었는지,
다리가 머리에 붙었는지 내 몸 하나 추스르기에도

정신없는 시간이었어.

그저 또 너를 믿었어. 그땐 정말 다른 방법이 없었거든.

4년 꼬박 읽어줬던 책, 눈 맞춤, 부비댐, 기다림, 배려…

그것만 믿었어.

곁에 붙어 완벽한 매니지먼트 해주는

99%의 초등 1학년 엄마와는

정반대의 삶을 살게 된 우리 둘…

나는 널 믿는다. 너도 엄말 믿어줘.

열심히 살게. 너도 열심히 살아줘.

'많이 힘들 수도 있어 때로는. 원래는 즐거운 삶인데

사람들이 욕심을 부려 너무나 많은 허들을 만들어놓고

그 안에서 얌전히 지내야 착한 사람이라고 막 가르쳐.

그거 잘못된 건데… 엄마도 아는데

그 틀 못 깬 엄마가 널 너무나 많이 혼내는구나.

미안해서 어떡하니?

더 노력할게. 조금만 더 기다려줘 아가…'

물리적인 챙김 거의 못했기에 마음만은 지극 정성 쏟았다.

일하느라 늦게까지 만나지 못하는 그리움…

친정에서 늦게까지 엄마 기다리는 녀석과 수시로 통화했다.

"하은아 밥 잘 먹고 조금만 더 기다려줘. 엄마 얼른 들어갈게.

사랑해. 고마워. 축복해."

"낼 준비물 황화일이라구? 엄마가 들어가는 길에 사 갈게.
사랑해. 고마워. 축복해."
모든 전화에 빠이빠이 인사에 말끝마다
내 맘대로 막 붙였어. 그 말.
사랑해. 고마워. 축복해.
어색해하던 녀석도 자동으로 붙인다.
"엄마 사랑해. 축복해. 일찍 와. 엄마 보고 싶단 말이야."
구두굽이 문드러지게 뛰어갔다.
친정에서 나 기다리다 잠든 녀석.
세상 모르고 자는 것 같던 녀석이 내 구두굽 소리에 깼단다.
부스스 일어나 주섬주섬 잠바를 챙겨 입는 아이.
"그거 할머니 운동화야. 네 거 이거야. 신어. 엄마가 도와줄게."
눈물이 났다. 뚝뚝. 뚝뚝뚝.
엄마의 믿음이 너무 어린 널 힘들게 한 건 아니니?
엄마 품에서 마냥 재잘거리고 투정부려야 할 널 너무나 엄하고
여전히 삐치고 투닥거리시는 할머니, 할아버지 밑에서 주눅 들게
하고 쓸쓸하게 만들고 있는 건 아니니?
미안하지만, 정말 미안하지만…
이겨내 줘. 네가… 네 뒤에 엄마가 있어.
엄마가 그랬지? 네 호주머니에, 네 가슴에, 네 머리에,
네 심장 속에 엄마 24시간 항상 같이 있다 그랬지?

온몸의 수분이 다 빠져나갈 정도로 울고 또 울고 다녔던
강남 바닥, 버스 안, 시청역, 고속버스 터미널…
그 믿음 덕분에 넌 너무도 강하지만 맑게 자라주었네.
학교생활, 친구 관계, 시간 관리, 숙제, 시험 준비, 준비물,
행사, 놀이… 시행착오 온몸으로 겪어가며
그 자체를 즐기는 네가 되어주었구나.

'너무나 미안했던 못 챙김'이,
'무조건적인 바보 같은 엄마의 믿음'이
지금의 보드랍지만 강한 널 만들어주었구나.
너의 '서툼과 어눌함'이 '야무짐'으로 바뀌어가는
그 과정을 묵묵히 지켜보기가
차라리 내가 해주는 것보다 천만 배는 힘들었어.

그렇기에 엄만 지금의 네 삶이 그 어떤 것보다도 값지고
감동적이란다. 예쁜 나의 아기 하은아.
이렇게 많이 컸지만 여전히 내 아기인 게 엄만 넘 좋아.
가끔 징징대고 투정부리고 짜증 내는 네 모습에
엄만 항상 가슴을 휴~ 쓸어내려.
아직 시간이 남았구나 싶어서…
"엄마. 나 그냥 연예인 안 할래. 디자이너나 카피라이터 할까 봐."
"그것도 재밌겠다. 근데 왜 연예인 안 하기로 했어?"
"평생 다이어트 해야 한대. 맛있는 것도

맘껏 못 먹고 놀지도 못한대."
스물여덟 번째로 바뀐 꿈인 연예인이 꽤 오래간다 했는데
결국 '맘대로 못 먹는 것' 때문에 접는구나. 하하~
뭐든 다 꿔. 뭐가 됐든 마음껏 놀고 먹고 자고 밤새고 네가 하고
싶은 대로 해. 지금처럼… 그리고 엄마도 드디어 내려놨다.
머리 자르지 않아도 돼.
안 묶어도 되구…
허리까지 막 길러.
어린 시절 내내 강제 커트 머리로
못생기게 살았던 엄마가
평생 그리 길어본 적 한번 없는 어린 선미가 질투 났던 거더라고.
미안해. 귀신같다고 놀려서… ^^
엄마도 더 막살게. 너처럼…
열심히 따라갈게. 너…

애 잘 키운 년은 뭐든 잘해

"언니~ 애 키우는 거 너무 힘들어요~ㅠㅠㅠ"
"그르지~ 죽갔지? 나는 더했어. 요즘은 뭐가 제일 힘들어?"
"애가 끊임없이 요구하고 징징대는데 어디까지 허용해주고 내가 어찌 대해야 할지 판단이 안 서요. 누가 매번 이리해라 저리해라 시켜주면 좋겠는데…"
그렇지. 그거지… 육아가 엄마에게 최대의 난제인 이유…
'판단력의 부재, 결정력의 부재'
피곤하고 졸리고 정신없고 짜증 나는 건 그 이유에 비하면 껌이다. 애 잘 때 뻘짓 안 하고 푹 자고 일어나면 해결되는 거니까.
헌데 하루 24시간 365일이 선택의 기로, 결정의 연속이 육아일 줄이야~ 오마이~갓!
평생을 독재 정권 공산당 노동당원 교육 프로그램으로 인해
철저하게 시키는 일만 하고 절대 튀거나 잘못 판단하면
죽는 줄로만 알고 커오다 24시간이 결정과 판단과 선택의
연속인 '육아'라는 게임에선 매 순간 패잔병이었던 거지.
아주 그냥… 육아를 글로 배운 나는 책에 나온 대로 하면
수학 공식처럼 답 딱 나오고, 영어 숙어 외우듯이
아는 한도 내에서 머리 굴리면 해결될 줄 알았었거든.
맘대로 되는 게 단 한 개도 읍써.
게다가 애는 반항기 들어서서 종일
"이거 해달라~ 뭐 먹고 싶다~ 싫어~ 내 꺼야~ 엄마 미워~"
씨부려가며 온갖 짜증을 발산해 쌌고…
어디까지 들어주고 어디까지 한계를 둬야 할지
아무것도 모르겠고, 정말 세상에 애 키우는 게
이렇게 난해하고 헷갈려 죽는 줄 알았다면
난 애도 안 낳았을 거고 결혼조차 안 했을 거다.
이왕 낳아놓은 애 남들한테 처지면 안 될 것 같아 이리저리
기웃거리며 오만 것들 해보느라 애를 얼마나 쳐 잡았는지
안 봐도 보이지? 인터넷 고수들 죄다 따라하겠다고
혼자 미쳐서는 이거 따라 하고 애 잡고,
저거 따라하다 애만 족치고…

가만히 있는 애 지가 괜히 시켜놓고 잘 못한다고
지 혼자 발광해서 울려 재웠다가 다음날 영국편지 주며
무릎 꿇고 사과하는 '전자동 미친 지랄병 반복 시스템'
귀신은 뭐 하는 건지. 나 안 잡아가고…
자신 있게 말하건대, 하은이는 사회생활 하나는 진짜 잘할 거다.
어떤 진상 상사, 동료를 만나도 문제없이 극복하고 잘 지낼 거거든.
대한민국 최고 개진상 엄마 밑에서
본의 아니게 특수 훈련을 받아왔으니 누가 겁날 거야.
애가 맷집이~ 완전~~!
군대 육아 기간을 통해 하은이두 특수비밀요원이 됐지만
그 사이에 나 또한
UDT 특수부대 뺨까는
눈치코치와 촉이 어마어마하게
발달해 있었더라고.
그걸 근데 애 키울 때는
전혀 몰랐어.
확인할 방도가 없거든.
근데 애가 다섯 살이 되고 어린이집
넣고 슬슬 일 시작하다가
애 일곱 살 때 보험설계사가 됐거든.
이러 저러 요로 조로~한 이유로…

보험설계사는 인맥 싸움인데 인맥이 읍썼어 난.
웅녀처럼 책육아 하느라 거진 왕따로 지내서 없었고,
한 6년 전업주부로 지내서 없었고,
그나마 사귄 엄마한텐 존심 상해서 못 찾아갔고,
전 직장은 애들 가르치는 거였는데
애들한테 보험 계약하라고 할 수도 없고 참.
눈앞이 깜깜하더라고…
그 철저한 갑의 시선들. 매몰찬 거절의 말들. 우와~ 힘들더라.
그래서 죽어라 공부하고, 자격증 따고, 강연 다니고, 개척 다녔어.
얼굴에 철판 깔고. 육아하던 마음으로…
하은이 키우던 열정으로…
이전의 나였다면 절대 하지 못했을 행동들, 들이댐, 용기…
그리고 공감력! 만나는 사람의 마음이 보여.
우와~~ 완전 신기해~! 내 앞에 앉아있는 사람의 상처가,
고통이, 어려움이 그대로 전해져 오는 거야.
나도 모르게 들어주고 귀 기울여주고 등을 토닥여주고 있더라고.
그러려고 만난 게 아닌데… 재정 상담해주러 만난 사람인데…
"그러셨어요? 어머나. 힘드셨겠다. 아이고야. 정말요? 더 얘기해
주세요. 저라면 절대 그리 못 살았을 거예요. 괜찮아요. 울어요.
울어야 살아요. 애썼어요."
그렇게 한참을 이야기를 듣다 함께 울다 평생을 함께 갈

내 고객이 됐다. 하나둘… 백… 이백… 오백…
그거 내가 하은이랑 주고받던 대화들이거든? 딴 거 아니었어.
이런 기똥찬 비법이 다 있나. 나 원 참…
게다가 밤새가며 책 읽어주느라 얻어진 체력과 끈기에
애새끼 모진 놀이 고문으로 단련된 인내심과 참을성이 일에서도
성실함과 책임감이라는 이름으로 그대로 증명되더라고.
나의 성실함과 열정이, 그리고 나의 귀 기울임이 상대방 마음의
문을 열었고, 이 모든 게 온전히 육아를 통해 얻어진 나의 후천적
재능 덕분이었어. 하은이를 키우지 않았더라면 도저히 깨달을 수
없었던 인간관계의 원리와 에너지의 공유, 꿈, 소통, 성장…
결국 육아를 통해 성장하면 내가 어떤 직업을 갖던,
그 어떤 자리에 있던 '친해지고 싶은 사람,
곁에 있고 싶은 사람'이 된다는 거야.
난 볼펜을 팔아도 잘 팔았을 거구, 마트 캐셔가 됐어도 잘했을 거
같아. 선생님이 되도 아이의 인생을 바꾸는 멘토가 됐을 거야.

애 잘 키운 엄마는 뭐든 잘해.

진짜 뜨겁게 불태우는 미친 듯한 군대 육아를 제대한 엄마라면~!
그러니 지금 너희들이 하고 있는 그 지루하고 답답하고
고단한 육아가 최고의 박사과정이고 자격증 취득 과정임을
절대 잊지 마렴. 올인해. 내 아이 책육아, 배려 육아에만…
지금 다져지고 있는 내공이 훗날 얼마나 행복하고

멋지게 발현될지 상상하면서…
미래는 내가 꿈꾸는 대로 이루어지거든.
야매로 하는 말 아니야.
나를 비롯한 수많은
책육아 제대맘들의 간증이야.
육아를 통해 깨달은 나의 꿈을 펼칠
멋진 미래의 싹이
지금 심장에서 세포 속에서
조용히 피어나고 있는 거…
보이지?
빛나는 은갈치 색 미래가…

기대는 여자가 아닌 기대되는 여자가 되라

기대는 여자가 아닌 기대되는 여자가 되어버리라는 말.
캬~~~ 내가 해놓고도 내가 뻑이 가네.
예전에 어디서 주워 듣고는
목덜미에 통증이 느껴질 정도로 찌릿! 하더라고.
그래 맞아. 기대서 투덜댔던 거였어…
기대서 불평이 터졌던 거구…
그 쉬퐐로무쉑키한테…
다 커 놓고도 배우자에게, 부모에게, 상사에게,
조직에, 사회에, 국가에 기대고 바라고
어떻게 좀 해주길 원하는 맘이 깔려 있었기에

짜증에 원망에 비교에 삐짐에
온갖 부정적인 생각들로 내 귀한 삶의 시간들을
지랄 풍년으로 채웠던 거더라고.
선수로 뛰질 않고 매순간 관중석에 앉아 있으니
주절주절 비판, 평가질이 멈추질 않지…
남의 삶도 아닌 내 삶인데.
물론 아이를 키워 온 시간들이 있었기에
더 쨍~하게 깊숙히 다가온 분별이기도 해.
엄마인 나에게 천 프로 만 프로 기대고 의지하던
아가 하은이가 그 기댐과 의지가 채워지는 시간 동안
실수, 실패, 좌절, 번뇌, 시도, 성공 등의
온갖 경험을 겪고 크면서
이젠 너무도 단단한, 어미인 나보다 훨씬 딴딴한 인간상으로
우뚝 서나가는 모습을 본다.
놀랍도록 읇는 가슴 저릿~하다.
기대지 않기에 걔는 불평도 없다.
투덜거리는 일도 거진 없다. 스스로 선택하고 책임진다.
난 여전히 녀석이, 그 아이의 멘탈과 내면이
이 세상에서 젤 부럽다.
그래서 나도 청년 하은이를 본받아
울면서라도 스스로 선택하고 온전히 책임지며 살아간다.

애 잘 키운 엄마는 뭐든 잘해.
진짜 뜨겁게 불태우는 미친 듯한
군대 육아를 제대한 엄마라면~!
그러니 지금 너희들이 하고 있는
그 지루하고 답답하고 고단한 육아가
최고의 박사과정이고 자격증 취득 과정임을
절대 잊지 마렴.
올인해. 나, 아이, 책육아, 배려 육아에만…

물론 조석으로 빡치며 살아가는 일 허다하고
하도 실수하고 깨져 싸서 도가니에
인공관절 박아넣을 판이지만 뭐
자고로 뭐든 '익숙해지면 쉬워지는 법'
매사가 조금씩, 아니 많이씩 쉬워지고 있다.
조만간 공중 부양될 지경.
더불어 누군가 나에게 완전히 기대고 기대하는 사랑을
누리는 '육아'라는 시간을 부여받는다는 것.
정~~말 귀한 거다.
애 어리니 모르겠지?
귀찮고 답답하고 죽겠기만 하지?
그거 굉장히 영광스런 자리야.
닥치라궈~?! 네.
시간 지나면 알게 될 것이니
지금은 내사마 잠시 닥치마. 흥!
'기대는' 여자 되지 말고
'기대되는' 여자가 돼.
나아가 '기대고 싶은' 여자가 돼버려.
나처럼. 크휄헬헬~~~~ 캴캴깔~~

ps. 우리가 해야 할. 반드시 해놔야 할. 가장 중한 일은
내가 선택해서 낳아놓은 내 자식 제대로 잘 키워놓는 거라는 거,
타인들도 사회도 우리에게 기대하는 중한 바는
절대 잊으면 안 된다.
나 잘 나가나 내 애 망가져 주저앉아 있으면
말짱 도루묵이다. 말짱 꽝!!
내가 너희들에게 기대하는 바가 뭔지
항상 생각해라.

군대 육아 10년 후,
하은맘의 편지 #5

반드시 부자 엄마 되어 있기

자, 결정적인 순간에 아이 인생에서

지 안에 꿈틀대는 야망과

재능을 뒷받침으로 한 이글이글 타오르는 열정으로

박차고 화악~! 튀쳐 날아 오르려 할 때

정말 필요한 게 뭔 거 같니?

"우리 아가 파이팅~!" 멘트?

"난 널 믿어" 손 하트?

"넌 반드시 해낼 수 있어!" 궁디팡팡?

가~~당치도 않는 말씀.

그럼 뭐냐고? 바로 '돈'이다. 그것도 목돈.

돈다발 손에 쥐지 않은채 아이한테 해주는

그 어떤 응원도 애는 완전 사양이다.

그때 되서야 해주는 사랑? 널 믿어? 할 수 있어 넌?

캑! 됐구요. 그건 진즉 소리 소문 없이

해주고 계셨어야 하고요~~

그때쯤엔 입 닥치고 조용…히 지갑 열어 돈다발 보여주며

"니 돈이다. 원 없이 공부하든 운동하든 장사를

하든 뭐든 구애 받지 말고 맘껏 해라" 끝.

근데 그 돈 내가 어서 딸라 빚 냈간?

몸 부서져라 노가다 뛰어서 벌어온 거?

아니 아니.

애 어릴때 집에서 끼고 동네 싸돌아다니고 사니 돈 쓸 거 없어,

싼 중고전집으로 애 키우니 돈 나갈 데 없어,

책, 놀러랜드, 자연, 엄마품에서 맘껏 뛰노느라

괜한 사교육질 필요 없으니 돈 굳어,

영어도 싼 영어책 읽어주고 영어 DVD 돌리니

학원을 뭐하러 당겨. 아놔 또 돈 굳어.

예습 복습도 생전 안 하고 살든 애,

갑자기 선행 후행시킨다고 효과 있간디?

근데… 근데에…

여기서 아주아주 중요한 게 뭐냐면

남들 쓰는 만큼 따로 분리해서

꼬박꼬박 차곡차곡 애 이름으로

모아 놓지 않는 엄마는 나중에 또

파~~국~~이~~다~!

아니 그니까…

책육아로 애 진짜 돈 안 들이고 싸게 키운담서~

그럼 그만큼 많이 모아놨어야지~

"저 진짜 억울해요. 낭비도 안 하고 철철이 여행간 것도 아니고

남들처럼 펑펑 쓰고 살지도 않았거든요"

"집 대출 원리금이 매달 100만 원씩 나가서요"

"남편이 어디 투자한다구 그래서 자꾸 날려 먹고…"

아유 후져라~~~

맨날 남편 싫다고 욕하고 다니고 무시하면서 그럴 땐

항상 남편 핑계.

남편 뒤로 샥~숨기. 젤 싫어. 죽어 그냥.

글구 니들 나 몰랐으면 어차피 까꿍이 때부터

남들 따라 문센 돌리고

학원에 학습지에 팀 수업에 이른 과외에…

말도 아니게 다 시켰을 꺼 아니냐.

집에 대출이 있건 돈이 읎건

어쨌건 니들도 그리 살았을 꺼 아니냐고.

나 알고 책육아 알고 애 잘 크고 돈 안 쓰면

당연이 그만큼 모아져 있어야 말이 되는 거지.

안 그냐? 난 그리했다. 애기 때부터 꼬박꼬박.

유아 땐 아무리 못해도 50만 원씩, 초딩 땐 70만 원씩,

중딩 땐 100만 원씩. 10년 이상 장기로.

남들은 다 학원비로 뭐로 다~ 쓰는데 하은이는 안 쓰는 돈.

그래야 난 발 뻗고 잠이 자 지든데.

안 그럼 캥겨서 못 살겠든데.

만약 그거 내가 어따 묻어두지 않았어 봐.

걍 통장에 뒀어 봐, 아님 은행 적금 들었어 봐.

이사 간다고, 급전 필요하다고, 친정·시댁에 일 생겼다고

(물론 다~합당한 이유지)

이래 저래 요래 조래 다~ 쓰고 스샤샤샥

어느 순간 한 푼도 안 남았겠지. 안 봐도 비디오.

근데 애 눈에 엄마는 열심히 사는 등 맨날 보겠지.

그럼서 맨날 돈 걱정에, 돈으로 인한 싸움에 애가 풀이 죽어

지가 뭐 하고 싶은게 있어도 스스로 조용히 꿈을 접겠지.

내가 그리했던 것처럼…

니 애가 나중에 '울집은 외벌이였어서, 집 대출이 많아서,

본가 외가에 돈 쓸 일이 많아서…

엄마가 열심히 돈 모을라 하는데

아빠가 자꾸 어따가 투자하고 망해서' 등의 이유로

자기 팔자 십분 이해하고 스스로 모든 꿈을 접고 조신하게

돈 안 드는 직업 찾아 무기력하게 전전하게 하고 싶냐? 응?

요즘 난 펜싱하는 중딩 아들 유학얘기로

친구랑 한참을 통화하고

손흥민이 꿈이라며 축구에 미친 애, 클라이밍에 미친애,

애니메이션, 바이올린, 그림, 야구, 요리…

하은이처럼 일찍부터 홈스쿨링 준비하는 애랑 엄마,

진짜 다양한 아이들 이야기 나눌때 내가 항상 먼저 쐐기를

박으며 묻는 게 그 말이야.

"너 애 돈 많이 모아놨지?"

그럼 다들 "네~!"

"꼬박꼬박 잘 모으고 있지? 니꼴내꼴 나지 않을라면

진짜 많이 모아놔야한다…"

그러면서 더 밀어줘~ 돈으로 확확~ 밀어줘~ 맘껏 하게해!

노래를 부른다.

학습이든, 봉사든, 여행이든 뭐가 됐든 애가 두 눈을 부라리며

나 꼭 가보고 싶다고, 경험해보고 싶다고,

오래 꿈꾸고 준비했다고 할 때

그래~! 니돈 많이 모아져 있어. 뭐든 해! 어디든 가봐!

"니가 진정으로 하고 싶은거 앞에서 돈땜에 절대 포기하지 마.

어푸러지지 마 아가~!"라고

간지 나게 말하면서 등 화악~! 밀어줘.

훨훨 나는 애 뒤에서 팔짱 끼고 있는

'어깨뽕 음흉 미소 개간지 모친'이 돼! 꼭 되어 있어!

지금 꼴은 비록 애 뒤꽁무니 졸졸 따라다니는 동네

그지꼴일지 언정…

내 분명 얘기했다. 알었어~?!

ps. 맞벌이 차장급 친구들보다 훠어얼씬 많이 모으고

결정적으로 애도 지 앞가름 잘하는 놈으로 떡허니 키워놓은

외벌이 그지꼴 전업주부 출신 형아의 간증이니

잘 좀 새겨들어라. 쫌.

PART 06
군대 짬밥

하은맘의 가위요리

요리고 나발이고 1만 원이면 해결되는 가위 요리로 끝내!
도마 따위 필요 없어! 계량을 뭐 하러 하고 앉았어?
전시 상황에 뭘 따져? 뚝배기 위에서 바로 잘라!
제대로 하지 않아도 돼! 대충 때려 넣어도 음식이 돼!

주의: 조리법이 매우 야매스러우니
요리의 정석을 원하는 분들은 덮어주세요~

육아, 별거 없더라,
먹는 거더라

돼지테리언이 베지테리언으로

채식주의자? 흥~! 고기 없이
이 험한 세상을 어찌 살아가?
집밥? 유기농?
팔자 좋~은 소리들
하고 앉았네.
애 뒤치닥거리하고 책 읽어주고
청소하는 것만으로도 하루해가 다 가는 데,
나도 집에 아줌마 쓰고 애 먹이는 것만 올인하면
누가 못 혀~! 유기농 좋은 거 누가 모르냐고~
비싸니께 그라지. 일일이 다 요리해줘야 되구…

적당히 시켜 먹고 렌지에 데워
먹고 고기 구워주는 게
바빠 죽겠는 늙은 직장맘이
할 수 있는 최선이라고!
배째~!!!
그랬다니까,
나도… 모를 때는…
'불금 치맥'이 내 인생
좌우명이었고

'오징어 짬뽕 라면'을 빼고는 내 인생을 논할 수 없었고
돼지갈비 상추도 없이 쌈장 찍어 먹는 거 제일 행복해했고
기름장만 살짝 찍은 삼겹살은 스트레스 날리는 데 직빵이었어.
집에 숲햄 떨어지면 죽는 줄 알았고
찐만두, 군만두, 물만두 1+1 세일할 때마다
냉동실에 쑤셔 박아놓고 골뱅이는 뉴동 꺼,
참치는 강동원 꺼 너덧 개씩 찬장에 떨어지지 않도록 쟁여놓는
현명함과 노련함 절대 놓치지 않았다고…
야채? 그건 먹는 게 아니고 죽 만들어 버리는 거지~
상추죽, 깻잎죽, 부추죽, 쪽파죽… 오이죽이 젤 죽여. 냄새 갑~!
괜히 왕창 사놨다가 해먹기 귀찮아 까만 봉다리 안에서 죽 만들어
국물 질질~ 흐르는 거 우엑~거리며 내다 버리고…

나가 뒈졌어야 해. 그르지 말았어야 했다고. 아이고 아까워…
사람이 무식하면 그런 처맞을 짓을 하더라고.
그게 얼마나 귀한 건 줄 알고 나니 깻잎 한 장도 버릴 수가 없어.
어깨랑 등이 무너지고 소화가 안 돼서 강의 끝나고 온 날은
잘 익은 파김치가 되어 죽네, 사네 골골대다가 사선에서 깨달았어.
내가 먹는 게 음식이 아니라 쓰레기였구나.
배만 불린다고 다가 아니었구나.
정말 내 몸을 사랑한다면 제대로 된 음식을 넣어줘야겠구나.
그전까진 귓등으로도 안 들리더니
내 몸이 무너져 내리니까 들리더라.
그때부터 먹거리에 관한 책 서른 권을 주문해
밤이 새도록 읽고 또 읽고,
현미 채식과 관련된 다큐들 왕창
찾아, 온 가족이 같이 보면서
뇌가 깨지고 목이 메고,
두 주먹을 불끈 쥐게 됐어.

무엇보다 내가 먹은 고기들이
음식이 아닌 고귀한
생명이었고
하은이 고양이 동생 뿌미나,
하은이나, 나 똑같은

생명이었다는 사실에 그 뻔한 사실에

얼마나 큰 충격을 받고

얼마나 많은 눈물을 흘렸던지…

그리고 하은이에게 함부로 먹인 지난 시간들

반성하고 녀석 앞에 무릎 꿇고 사과했어.

일곱 살 넘어 FC일 시작하고서

엄마 바쁘다는 핑계로 제대로 못 챙겨

먹여서 미안하다고…

귀찮다는 이유로 조미료 왕창 들어간 음식 배달시켜주고

분노 가득한 고기로 배를 채워서 정말 미안하다고…

내 아이가 벤츤데 싸구려

중국산 가공 휘발유를 넣어왔으니

얼마나 부대꼈을 거야. 아이고 미안해라…

그날 이후 현미 채식 선언하고 바깥 음식 끊고,

가공식품, 냉동식품, 패스트푸드는 내 인생에서 완전히 삭제했어.

고기, 생선, 우유 안 먹었고, 백미, 백밀가루, 정제 소금,

정제 설탕 다 갖다 버리고 모든 재료는 한살림, 생협에서 구입…

내가 할 수 있는 선에서 초간단 요리만 골라

퇴근하자마자 만들어 먹기 시작했는데 정말 한 3개월 꾸준히

하니까 피부며 체형 장난 아니게

변하고 승질머리까지 잠재워지더라. 오호~

무엇보다 쾌변의 기쁨~!! 비데 없는 화장실 무서워서
못 갔던 난데 아침마다 극락을 경험해~ 아아~~~
난 먹거리가 이렇게 삶의 결정적인 영향을 끼치게 될 줄은
정말 꿈에도 생각해본 적 없었어. 진짜더라.
정말이더라.
무엇보다 엄마가 순해져. 화가 안 나. 들 나.
왠만한 건 아무렇지도 않게 넘기게 되고.
녀석도 현미 채식한 지 6개월 만에 몸무게는
2kg이 줄고 키는 4cm가 훅~ 크더라고.
눈빛이 편안해진 건 나만 느끼는 게 아니었어.
'오늘의 내 애는 어제까지 내가 먹인 음식이다'라는 말이
가슴에 사무치더라. 그 말 나 예전에도 들었었는데…
알고 나니 야채 다듬는 일도 예전처럼 귀찮지 않고
마늘 망태기로 사서 녀석이랑 두런두런 얘기하며
까는 일도 넘 재미난 거야.
내가 책 읽고 일해서 돈 버는 시간만큼 밥 해먹는 그 시간이
큰 의미가 있다는 걸 무진장 많이 느꼈어. 내가.
유명한 사람들이 본인의 의지로 전원주택으로 이사해 텃밭을
가꿔 직접 요리해 먹는다는 것도 그때부터 보이기 시작한 거고.
재작년부터는 강의 때도 육아 노하우에 책과 배려,
그리고 집밥도 꼭 얘기해. 절대 사 먹이지 말라고.

그럼 엄마들 한숨이 지하 광천수를 퍼올리는 게 느껴져.
그래서 언니가 쏜다. 군대 육아 기간 최소의 비용과
최소의 노력으로 최고의 맛을 뽑아내는 신비의 짬밥요리~!!
그것도 다이써 미니 도마와 과일 깎는 칼, 이천 원짜리 가위로
이루어내는 환상의 LTE 요리.
도마 세트 따위! 부엌칼 5종 세트 따위! 다 필요 없어~!
난 나이 먹고 게으르고 마이크로 나노그램 체력에 괜히 피곤하면
애 잡아서 어렵고 복잡한 거 딱 싫다고~!
더운 날 가스레인지 앞에서 땀 뻘뻘 흘려가며 끓이고 지지고
데치고 볶다 보면 살인을 하든 자결을 하든 급~지랄병이 도져.
그니까 초간단 요리 아니면 상대를 안 해.
군대 육아 3년 동안 꼭 필요한 필수 요리!
요것만 돌려 해. 사이드 재료 바꿔가면서…
재료도 다 1만 원 미만! 시간은 15분이면 떡침! 각설하고,
뒷동네 바둑이도 할 수 있는 쉬운 레시피… 간다.

초 간단,
부추 요리 4총사

우리들의 서툴던 지난날…
냉장고에서 수시로 썩혀 버렸던
'미안, 미안~ 야채 3총사'
중 셋째. 부추~!
첫째, 둘째는 누구냐고?
그거야 당연히 상추, 깻잎이지.
실~한 놈으로 한 단 사와 오늘.
쫄지 말고~ 알차고 가열차게 다 먹게 해줄게.

Recipe 귀찮을 때 해먹으면 와따인 초 간단 부추김치

재료 부추 반단, 양파 1개

양념 고춧가루 1/2컵, 멸치액젓 1/3컵, 천일염 1/2큰술, 다진 마늘 1큰술, 매실액 2큰술, 통깨 1큰술, 농도는 물로 조절

부추는 깨끗이 다듬어 씻어서 가위로 쫑쫑~ 잘라서
야채 탈수기에 윙윙~ 돌려. 나 도마 열라 싫어해.
씻기 귀찮아. 야채 탈수기 집에 읍써? 당장 사.
야채 탈수기 읍씨 현미 채식한다는 건 IPC-7080 없이
영어 책육아 하겠다는 거나 마찬가지야.
야채 요리의 새 장이 열려~ 야채가 막 우스워져. 그깟…
양념들 대접에 따로 섞어놨다가 부추랑 양파 채 썰어
양푼에 넣고 양념 섞은 거 넣고 비닐장갑 끼고 섞으면 땡이야.
아름답지~? 맛은 더 환상이야.
내가 부추를 이리~ 좋아했던 년인가!
스스로 감동하며 밥통 끌어안게 될 거야.
그렇게 두어통 냉장고에 넣어두면 당분간 반찬 걱정은
안 해도 돼. 애새끼는 뭘 먹이냐구?
부침개 해주면 되지. 뭘 걱정해.

Recipe 애들이 더 좋아하는 부추부침개

재료 부추, 호박, 양파, 팽이버섯, 청양고추, 통밀가루, 소금, 물

우리들의 페이버리트 아이템으로 자리 잡은 팽이랑 같이 넣어도
열라~ 맛있어. 계란만 넣어서 부쳐도 맛있고…
통밀가루랑 물 약간 섞어서 해도 고소해. 물론 이빨에 끼지.
부추도 못지않게 껴. 헌데 맛있어서 용서돼.
남편은 저거에다가 간장에 청양고추 이빠이 썰어 넣고
찍어 먹으라 해. 맵다고 지랄해?
락스 타주지 않는 걸 고맙게 여기라고 말해.

Recipe 쫄깃함을 느껴 봐, 오이부추김치

재료 부추, 오이, 양파
양념 고춧가루, 멸치액젓, 천일염, 다진 마늘, 매실액, 통깨

부추김치에 오이만 썰어 넣는 거야.
인생 간단하게 살자.
오이만 대~충 썰어서 소금으로 한 30분 절여서
손으로 꾹~ 짜서 부추, 양파랑 버무려.
양념? 아까 부추 김치했던 그 양념… 아~ 귀찮아.
근데 오이가 또 쫄깃~한 게 사랑스런 맛이 나.
양념 연하게 하면 애들도 잘 먹는다~? 해줘 봐.
그리고 마지막으로 오이 말고
또 뭐 넣으면 맛있는 줄 알아?

Recipe 상큼 발랄, 사과팽이부추무침

재료 부추, 사과, 양파, 팽이버섯
양념 고춧가루, 멸치액젓, 천일염, 다진 마늘, 매실액, 통깨

침 닦아.

멸치액젓 대신에 소금으로 간하고

매실액이나 설탕 조금 더 해주고

통깨 듬뿍~ 뿌려주면 우워~~~~~~!

완전 새롭고도 상큼 발랄~한 맛에 눈물이 날 거야.

쐬주 한 잔 생각 나겠제?

한잔해. 그 쉑히~랑도 한 잔하면서

사과랑 팽이랑

부추 가득 집어

"자기 아아~!" 하면서

입에 쑤셔 넣어줘.

싸우지 말고…

빠름~ 빠름~
버섯 요리 3총사

언니가 버섯으로 할 수 있는

반찬 겸~ 간식 겸~

술안주 알려줄게~

물론 쉽고! 빠르고! 간단하고!

돈 안 드는 걸로~!

Recipe 5분 만에 행복해지는 버섯양파볶음

재료   느타리버섯, 양파, 마늘, 소금, 통후추, 통깨

개 쉬워.

포도씨유 두르고 마늘 편으로 썬 거나 다진 거 넣고

센 불에서 볶다가 양파 채 썬 거 넣고 더 막~ 볶다가
느타리버섯 손으로 대충 찢은 거 넣고 열나게 볶아.
불은 계속 쎈 불이야. (앞머리 타지 않게 조심하고~)
마지막에 소금 넣고 통후추 갈아 넣고 불 끄고 통깨로 장식해.
아름답게…
센 불에 굽듯이 볶아서 완전 맛있쩡~ 밥반찬으로 최고야.
당근 넣어 볶으면 더 아름다워져.
그리고 두부에 버섯 볶은 거 한 숟가락 올리고
간장에 물 살짝 타서 뿌려주면 맛난 간식도 돼.
하은이는 막 사온 뜨뜻한 두부에 올려줬더니 치즈 케이크 같대.
느타리 당장 사러 가고 싶지?
엉덩이가 들썩거리지?
올 때 팽이버섯도 같이 사와 봐. 요거 만들 거거든~~

Recipe 고소하고 쫄깃한 팽이버섯전

재료 팽이버섯, 양파, 계란(방사 유정란), 소금, 후추

팽이버섯과 양파, 계란만 있으면 5분 만에 행복해질 수 있어.
청양고추도 가위로 쫑쫑~ 썰어 넣으면 극락 체험도 가능해~
양푼에 가위로 팽이 3등분으로 잘라 넣고 양파 채 썰어 넣고
계란은 꼭 유정란으로 한 개 톡 깨서 넣고 소금, 후추
한 꼬집씩 넣어 섞어서 프라이팬에 지지면 땡이야.
원래는 아기 주먹만 하게 조그맣게 부쳐 먹는 건데
지치고 귀찮고 피곤한 나에게 그런 건 읎써~~!!!
다 때려 붓고 지져버려~~~!
그리고 먹어봐. 갑자기 눈물이 막 흐를 거야. 그 쫄깃함과
고소함에. 이것이 고기가 아니고 야채란 사실에 팽이버섯을
사랑하지 않고는 견딜 수 없게 될 거야.
마지막으로 술안주… 각오해. 장난 아냐.
으악~~~~!! 땡겨~땡겨~~ 맥주 땡겨~~~~

Recipe 노릇노릇함의 절정, 버섯야채구이

재료 느타리버섯, 새송이버섯, 팽이버섯, 단호박, 양파, 마늘, 소금, 후추

그냥 소금이랑 후추 약간 뿌려 굽는 거야. 그게 다야.
오븐 없다고 슬퍼 말아~ 이건 프라이팬에 구운 거라구~~!!
진짜 맛있어. 큰 프라이팬에 올리브유 두르고 야채, 버섯 있는 거 다 썰어 올리고 소금, 후추 살살 뿌려 약한 불에서 구우면 돼.
대신 뚜껑 꼭 덮어야 해.
뚜껑 없으면 다른 프라이팬이라도 뒤집어 덮어.
노릇노릇~갈색 돌게 구워야 더 맛있쩡~~
하은이도 짱 잘 먹어.
이렇게 집밥 먹어.
자신을 위해서 해먹으라고.
자꾸 해먹어 버릇해야 익숙해지고
사 먹지 않게 되거든.
사 먹지 않아야, 내가 직접
해먹어야 순해져. 엄마도 아이도.

먹는 거 정말 중요해 애들아.

책육아 백~날 해도 사 맥이고 인스턴트 먹이면 절대 애 잘 못 커.

뒷심 내야 할 때 와장창~! 무너지거든.

우리가 순간순간 미친년 빙의하는 것도 먹는 것 영향이 크고…

그래서 언니가 초간단 요리 알려주는 거야. 알겠지?

해 먹어. 꼭~!

두부랑 버섯 사러 가. 애 손잡고…

미래가 바뀔 것이다.

엣지 있는
버섯어린잎샐러드 & 웨지감자

Recipe 고기같이 쫄깃한 버섯어린잎샐러드

재료 새송이버섯, 느타리버섯, 어린잎 채소, 소금, 후추

소스 다진 마늘 반 큰술, 양파 다진 것 2큰술, 간장 2큰술, 올리고당 1큰술, 올리브유 1큰술, 참기름 반 큰술, 통깨 반 큰술

비주얼 죽이지~? 느낌 오지?
새송이, 느타리, 표고버섯 있는 거 아무거나 찹찹~ 썰고
유기농 매장에서 산 어린잎 씻어 준비하면 돼.
그래야 쓰지 않아 애들도 잘 먹거든.
없으면 여린 야채 아무거나…
프라이팬 열라 뜨겁게 달궈서 올리브유 두르고 버섯 때려 넣고
센 불에 연기 나게 미친년처럼 마약~ 볶아~! 볶다가
소금이랑 후추 한 꼬집씩 넣고 더 막 볶아~!!
그래야 물 안 생기고 고기같이 쫄깃해.

어린잎 물 빼서 접시에 담고 그 위에 볶은 버섯 담고
그 위에 소스 뿌리면 돼.
버섯 볶기 전에 소스 미리 만들어놨다가
먹기 전에 뿌려야 대박이야.
내가 만들어놓고 내가 감동 쳐. 낼 꼭 해봐.
알고 나서 최대한 빠른 시간 안에 직접 해봐야 내 꺼 된다~?!
즉각 실행~!!!
육아도 요리도 마찬가지야. 한 개 더? 한 꼄 더??

Recipe 날씬하게 썰었다네, 웨지감자

재료　감자, 양파

소스　올리브유, 다진 마늘, 소금, 설탕, 후추, 파슬리가루

완전 엣지 있지? 지인이 맛있는 햇감자를 박스로 보내줘서
여름 내내 삶아 먹고, 볶아 먹고, 국 끓여 먹고
완전 감자 풍년이었어.
감자를 껍질째 싹싹 씻어서 요따구로 날씬하게 썰어서

양념 쳐발라서 오븐에 굽거나 뚜껑 있는 프라이팬에 구우면 돼.

적당히 넣고 막 섞어서 비닐장갑 끼고

썰어 놓은 감자에 막 쎄리 비벼~!

잠깐 간 베게 두었다가 구우면 땡~!

물론 울 집엔 제대로 된 오븐 읍써.

산 지 17년 된 동그랗고 후진 이상한 전기오븐 있어.

언제 폭발할지 몰라서 애 피해있으라 하구 돌려.

그래두 감자는 맛있쩡~~~

LTE Warp 올레~
3분 된장찌개

필 화악~~~! 땅겨지지? 요 3분 된장찌개!

날 위해 하늘에서 내려주신 레시피가 분명해.

일명 'LTE Warp 올레~ 찌개!'

3분 카레~! 너만 3분이냐? 나도 3분이다!

Recipe 칼칼함에 좋아 죽는 올레~ 찌개

재료 냉이, 팽이버섯, 두부, 청양고추

양념 된장, 고춧가루, 다진 마늘

냉이 넣고 끓인 3분 된장찌개야. 죽이지?

직접 먹어보면 완전 "오~ 지쟈스~!" 나와.

김치 하나 꺼내고 저거 놓으면 밥 한 그릇 뚝딱이고…

뚝배기 핥아봤어?

난 해봐쓰~~~!

재료도 별거 읍써. 된장찌개에
넣을 수 있는 초록색 풀떼기
아무거나

(냉이, 아욱, 시금치, 배추, 무청…
아~ 몰라. 몰라~)

천 원 어치 사면 한 달은 먹어.
매번 씻고, 다듬고, 데치고,
무치고 할 필요 절대 읍써.

어느 날 하루 초록 풀떼기 한 묶음 사 와서

끓는 물에 살짝 데쳐 씻고 꾹~ 짜서 가위로 쫑쫑 짤라.

된장 두어 숟가락 넣고 쪼물쪼물 무쳐서 한주먹씩 동글동글 뭉쳐.

그렇게 비닐로 싸서 냉동실에 넣어두면

반년 내내~도 끓여 먹을 수 있어.

더 자세히 알려달라고?

일단 전날 잠 푹~ 자서 체력 되고 컨디션 되는 어느 날.

3천 원 들고 얼른 동네 야채 가게 뛰어가서 눈에 보이는

초록 풀떼기 들고 아줌마한테 물어봐~

"이거 된장찌개에 넣고 끓여 먹어도 되요?"

된다면 냉큼~ 한단 사와.

올 때 팽이버섯 천 원어치, 두부 천 원어치도 같이 사와.

시골 된장만 넣고 쪼물쪼물 무쳐.

저 초록 풀떼기 한 가닥 한 가닥 된장이 스며들도록…

전날 밤 술 쳐먹고 12시 넘어서 기어들어온 개누무쉬키

생각하면서 빡빡 문질러 비벼도 좋아. 죽 되지 않을 정도만 비벼.

진짜 된장만 넣고 무친 저 풀데기를 아이 주먹 크기로 동글동글

뭉쳐서 제일 작은 크린 백 비닐에 넣어서 묶어. 그리고 제일 작은

지퍼백에 서너 개씩 넣어. 냉동실에 넣어두면 땡이야.

진짜 오래 안 걸려. 그래서 야채 가게에서

스캔할 때 다듬고 씻는 작업이 지랄스러운

것들은 되도록 사오지 마.

물론 국내산이어야 하구…

저저저~ 김 나는 거봐~~~

끓일 때 냉장고에 있는

새끼 버섯이랑

팽이버섯 넉넉히 넣고…

참참참~! 청양고추~!!!!

내 사랑 청양고추

꼭 넣어야 해.

까꿍이 먹일 거는

중간 정도 끓였을 때

미리 한 국자 그릇에 덜어놓고 어른 먹을 거에는
청양고추 한 개 가위로 톡톡 잘라 넣어야 해.
그래야 칼칼해서 죽어~ 죽어. 그래야 완전 맛나.
난 그래서 냉동실에 사시사철 청양고추 떨어지지 않게 해.
절대 없으면 안 되는 거시기지.
그리고 난 된장찌개에 고춧가루도 꼭 넣어. 그래야 맛있어.
인생이 매콤해 난…

둘이 먹다 둘 다 뒈져버리는
두유스파게티

앞에 요리들 어때? 진짜 대박이지?

근데 하도 해대니까 애랑 그 섹히가 기겁을 하지?

부추도 이젠 질린다고? 딴 거 알려줘?

그니까 작작 좀 돌려가면서 만들어줘야지~

한 번 해주면 한 며칠은 쉬어줘야 해.

그래야 오래오래~ 울궈먹을 수 있어.

이번은 외제다. 스파게튀~ 그것도 까르보나라 스파게튀~

어허~ 쫄지 마. 열라 쉬워. 너무 쉬워서 어이없어. 재료도 다~

국산이야. 열라 싸. 근데 맛은 은하계 최고야.

Recipe 너무 쉬워서 어이없는 두유채식스파게티

재료 통밀 스파게티면, 호박, 느타리버섯, 양파, 마늘

양념 무첨가 두유 2팩, 천일염 1/3큰술, 통후추

재료 열라 간단하지? 통밀 스파게티면 읎다고?

낼 또 애랑 집 앞 슈퍼 가서 사와.

통밀 스파게티면 없으면 그냥 스파게티면이라도 사와.

일단 빨리 만들어봐서 내 것으로 흡수하는 게 중요해.

만드는 법은 엑스트라 벌~진 올리브유에다가

마늘 7~8개 편 썬 것을 달달 볶아.

거기다가 양파 반 개 채 썬 거, 호박 반 개 채 썬 거,

느타리 찢은 거를 왕창 때려 넣고 또 볶아.

거기에다 두유를 부어~! 그냥 쎄리 부어~!

난 항상 한살림 두유 쓰는데 한 명당 한 팩 넣으면 돼.

2인분 할 거면 두 팩.

나중에 너무 졸아서 국물 줄어들면 더 추가로 더 넣어줘도 좋아.

거기다 천일염 1/3큰술, 통후추 적당히 갈아 넣고

보글보글 조려.

그 사이 옆에 큰 냄비 올리고
통밀 스파게티면 삶아~
얼마만큼? 몇 분? 묻지 마. 몰라.
그냥 쬐끔 들 익었다 싶을 때
불 끄고 바로 채반에
부어서 물만 빼.

(비빔면 아니다~ 찬물에 헹구지 마라~~!)
물 뺀 면을 저렇게 두유 야채국에 퐁당~ 붓는 거지.
그리고 쪼끔 더 조려.
접시에 담아 파슬리 가루 살살 뿌리면 땡이야.
생크림? 녹말가루? 파마산 치즈가루?
그따윈 읍써~! 귀찮아.
삼청동 최고급 이탈리안 레스토랑
까르보나라 스파게티 만든
쉐프가 맛봐도 뻑이 갈 맛이야.
육아… 별거 없더라. 먹는 거더라.

육아 스트레스 한 큐에 날려버리는
언니표 강된장찌개

비주얼 봐~~ 그냥 죽어. 먹다가. 두 말 필요 없어. 오늘 해~!
초간단이야. 복잡한 건 뒷집 개나 주라고~
상추에다 밥 한 숟가락 넣고
강된장 한 숟가락 올려 싸먹으면…
그냥… 세상이 아름다워.
육아 스트레스가 한 큐에
훅~ 날아가…

Recipe   육아 스트레스 한 큐에 날려버리는 강된장찌개

재료   느타리버섯, 호박, 양파, 두부, 청양고추

양념   된장 2큰술, 고추장 1큰술, 고춧가루 1큰술,
참기름 1큰술, 다진 마늘 1큰술

재료도 저게 다야. 저기다가
고추장, 고춧가루, 두부,
야채는 있는 거 아무거나…
버섯이랑 두부 이빠이 넣으면
더 맛있어.

중간 뚝배기 달궈서
참기름 1큰술 두르고
된장 두 숟가락을
달달 볶다가 마늘 넣고
조금 더 볶다가
고추장 한 숟가락 넣고,
다시마 물 적당히 붓고
보글보글 끓여.

그러다가 야채 썰어
다 때려 넣고
고춧가루 넣고 끓이다가 마지막에
두부 넣으면 일케 돼.

아침부터 술 땡기지?
그냥~ 막~?
참아. 오늘 저녁에… 참이슬 양 한 병 까.
이렇게 겁나 푸짐하게 한 상 차려도

재료비가 오천 원이 안 돼.
야채 한참 쓰고도 일케 남았거든.
남은 야채는 항상 저 통에 담아
바로 냉장고에 보관해 난…
배달의 유혹에서 벗어나려면
저렇게 항상 긴급 요리를 해댈
재료가 있어야 하는 거야.
빛의 속도로 꺼내 쓸 수 있게…
내 아이는 갑자기 배고파하거든.
배달시켜주고, 레인지에 데워주고, 팩 째 데워주면 안 돼.
절대 안 돼. 직접 해줘야 잘 커. 그니까 힘내.
해먹어야 애도 잘 크고 나도 착해져.

나~!! 채소

막걸리와 짝꿍~
북한산 도토리묵무침

내가 대학생 때 관악산에 등산 갔던 이유도,
회사 다닐 때 북한산에 놀러 갔던 이유도,
결혼하고 청계산 나들이 갔던 이유도 온리~ 얘 때문이었다.
스릅… 흐릅… 워매… 술 땡겨. 동동주의 친구이자 막걸리의
동반자지. 한 접시에 1만 5천 원짜리 도토리묵무침,
집에서 만들면 오천 원으로 떡 쳐.
도토리묵이랑 이파리
야채 몇 가지만 있으면
내 집이 청계산 끝자락 쉼터가
되는 거지.

Recipe 내 집이 청계산 끝자락이 되는 북한산 도토리묵무침

재료 도토리묵, 상추나 어린잎, 깻잎 (꼭!), 양파, 당근, 오이, 청양고추

양념 양조간장 3큰술, 고춧가루 2큰술, 조청 1큰술, 천일염 한 꼬집, 참기름 1큰술, 다진 마늘 1큰술, 통후추(찹찹!), 참깨 1큰술

도토리묵 쓱쓱 썰어 놓고 작은 컵이나 그릇에 양념 다 때려 넣고
따로 섞어놔. 그래야 나중에 메인 재료 무칠 때 편해.
소금 같은 거 와락~! 쏟아부어 멘붕될 위험도 없고…
그리고 양념이 좀 되직하니까 물 좀 섞어도 돼.
난 집에 있는 배즙 섞어가며 양념 농도 조절해. 항상…
이제 무쳐 핸접~~!!
야채 먼저 양념 반 정도 넣고 무치다가 도토리묵 넣고 까꿍이들
궁뎅이 만지듯 살랑살랑~ 섞어줘.
야심 차게 막 주물러라~? 죽 된다~? 도토리죽… 개도 안 먹는.
그리고 아까 도토리묵 살 때 막걸리도 사왔지? 당근?
우리는 센스 있는 년들이니까. 도토리묵 열라 무치는 동안
막걸리 두 병 냉장고에 시야시~ 시켜놓는 것 정도는
현대 여성의 센스이자 매너 아니겠니~?
요따구로 막걸리 한 잔에 아까 만든 도토리묵 한 젓가락 먹으면

그냥~ 천국이야~!

다시다를 안 넣었는데 다시다 맛이 나요~~

매콤하면서 짭짤~달콤~한 것이 그냥 입안을 휘감아~!

하은이두 엄지 척~~~!!

인생 뭐 있간디~?

그냥 이렇게 에헤야~ 둥기둥기~ 사는 기재…

온 가족이 거지로 빙의되어
그릇 핥는 두부어린잎샐러드

예쁘장~하지?
난 어린잎 없어서 늙은잎 청상추로~!
따봉~ 쉬워. 두부랑 어린잎만 있으면 돼.

Recipe 남편이 눈을 희번덕거리게 되는 두부어린잎샐러드

재료 두부, 어린잎
양념 고춧가루 1/2큰술, 다진 양파 2큰술, 다진 마늘 1/2큰술, 간장 2큰술, 조청 or 물엿 1큰술, 참기름 1큰술, 통깨 1큰술

두부 깍뚝깍뚝~ 썰어 기름 두른 프라이팬에 노릇노릇 굽고 양념 밥그릇에 따로 섞어놓고 예쁜 접시에 어린잎 놓고 가운데 두부 올리고 먹기 직전에 소스 뿌려 상에 내면 돼.
남편 쉨히가 깨깜놀하며 눈을 히번덕거리거든

섹시하게 살짝 웃어줘.
밥 밑에 깔아 덮밥처럼
비벼 먹어도 간편하고 맛있어.
밥 깔고, 어린잎 놓고,
두부 올리고, 양념 넣어 각자
비벼 먹어봐.
온 가족이 거지로 빙의 돼.
그릇 핥아. 따갈따갈…
아이도 두부 으깨지면서
양념 연해지니까
되게 잘 먹을 거야.
이렇게 싸고 간단하고 맛있는 요리가 어디 있다니?
또 이렇게 두부 대신에 느타리 살짝 볶아서
올려도 또 핥고 있어.
창의력이 별거야~? 안 그냐?
누가 놀러 와도 돈 안 들이고
건강하게 맥여 보낼 수 있어.
완벽한 비건 채식 밥상.

두부 어린잎 샐러드.

팽이버섯 전.

각종 야채 팬 구이.

김치 볶음. 현미밥.

이게 황후 밥상이고 명문가 밥상이지.

이게 바로… 뭘 더…

괜히 끼리끼리 몰려다니며 마트, 식당, 중국집 전기세 내주지 말고

집구석에서 애랑 밥해 먹고 뒹굴며 책 읽혀.

그게 행복이다.

닥치고 해잡쏴!

명절, 제사 후 특효약, 분노의 모듬전찌개

언니가 명절이나 제사 후에 생기는 분노와 울분을 없애줄
기똥찬 요리를 준비했어.
재료는 오로지~~~ 시월드에서 얻어온 각종 전~!
그거면 땡이야.
'고노동 무임금~'의 고된 명절 치르는 보람이 뭐겠니?
전 잔뜩 얻어오는 거 아니겠니?
물론 내 피와 땀과 살로 이루어진 것들이지만… 흑흑.
전이랑 무만 넣었는데 갈치조림 맛이 나는 신비한 전조림이야.
봐봐~

Recipe 깊고 시워~언~한 맛, 분노의 전조림

재료 From 시댁, 친정 각종 전(동태전, 호박전, 고추전, 동그랑땡) 무, 국 멸치, 팽이버섯, 청양고추, 양파, 대파, 다시마 육수

양념 양조간장 3큰술, 고춧가루 1큰술, 천일염 1/3큰술, 다진 마늘 1큰술, 청주 1큰술, 통후추

만드는 거 와방~ 쉬워. 냄비 바닥에

똥 딴 국멸치 10마리 깔고

무 큼지막하게 썰어 깔고,

양파 채 썰어 또 깔고

청양고추 한 개를

가위로 쫑쫑 썰어 넣고, 양념 붓고

다시마 물 찰랑하게 붓고 열라 끓여~

어느 정도 무가 섹시하고 투명하게 익는 것 같으면

그때 각종 전들을 위에 올려.

첨부터 넣어 끓이면 완전 다 풀어져.

걸레 찌개… 동네 개들 다 몰려올 거다.

그리고 양념은 처음부터 다 때려 넣지 말고 간 봐가면서 조금씩

더 첨가하고 다시마 물도 찰방찰방하게 더 넣어가면서 조려.

그래서 저 위에 적어놓은 양념 비율도 사실 개 뻥이야.

기억 안 납니다. 내가 얼마를 넣었는지…

자신의 미각을 믿으세요.

진짜 갈치를 안 넣었는데 갈치조림 맛이 나.

신기하지?

울 가족 토론 끝에 내린 결론…

동태전과 동그랑땡에서 우러나온 기름기와

본인도 생선임을 당당히 외치는 똥 딴 멸치의

깊은 맛이 환상의 조화를 이루는 것이 아닌가…?

거기다가 청양고추의 톡 쏘면서도 시워~언~한 매운맛…

그리고 결정적으로 한 달 전에 사서

야채 칸에 쑤셔 박아놓고 깜빡 잊어버린 썩기 직전의

무에서 우러나온 오묘한 육수~

오늘 저녁때 당좡~ 해봐.

육아도 별거 없다 그랬지? 언니가?

'먹을 거'더라고…

그 쉐키도 마찬가지야. 먹을 거, 집밥 해주면 순한 양 돼.

괜히 싸우지 말고 먹을 거 해주면서 풀어.

몰라서 그래. 나 못지않게 상처 많아서 그런 거고…

그냥 대파 가위로 자를 때 그놈 대가리라 생각해.

대파 한단 다~ 넣겠구만~

동태전은 오마니, 동그랑땡은 큰 시누,

고추전은 음…
재섭는 동서? 형님?
다 때려 넣고
지~져~버~려~~~~!!!!

BONUS PART

하은맘의 이기적인 상담소

무엇이든 묻지 마세요!
다쳐.

책육아 Q&A

Q. 눈이 나쁜 우리 딸내미. 손에서 책을 놓을 줄을 몰라요. 어떡하나요?

A. 눈 더 나빠지면 라식시켜주면 됩니다. 하지만 머리 나쁘고 감 떨어지는 건 돈으로도 못 고칩니다.

Q. 하은맘 알고 두 달 만에 전집 여섯 질 들여주고 마음만 급한 6세, 4세 직장맘입니다. 읽기 독립 안된 큰애 때문에 조바심도 나고 갑자기 책을 많이 줘서 애가 질린 것 같기도 한데 지금 어떤 상태인가요?

A. 빙고! 애 질렸고요. 엄마의 조바심 그대로 들키셨습니다. 이대로 계속하신다면 급한 책육아의 대표적 실패 사례로 명예의 전당에 오르시겠군요.

돈 문제를 떠나 아이 눈빛 봐가면서 한 달에 한 질씩 들이지 않으면 애 기겁하고 질려 책을 거부하게 됩니다. 한 질, 한 질 충분히 시간을 둬서 대박 치게 하세요.

Q. 초등 1학년. 읽기 독립이야 진작에 했지만 밤마다 잠자리에서 책 읽어줍

니다. 늦게 자니 늦게 일어나고, 아침에 맥 못 추고 학교는 가야 하고…
그 모습이 안쓰러워 읽어주기에 제한을 두는데 어떻게 생각하세요?

A. 읽기 독립이 됐는데 왜 밤마다 책을 읽어줍니까? 읽기 독립 안 됐습니다. '엄마에게 가져오지 않고 스스로 지 좋은 책 찾아 노는 와중 수시로 읽는다' 이게 읽기 독립의 원뜻입니다. 독립이 된 아이는 몰입을 통해 스스로 책 양을 조절합니다. 읽기 독립시키세요.

지금 독립시키지 않으면 깊은 사고력을 요하는 공부, 지 인생사도 엄마한테 풀어달라고 계속 갖고 올 겁니다.

Q. 아이가 그만 읽자고 할 때까지 읽어주고 싶은데 한두 시간 읽고 나면 재우게 되네요. 이러면 안 되겠지요? 하은맘처럼 아이가 원할 때까지 계속 읽어줘야 책 독립이 되겠죠?

A. 아시면서 왜 물으십니까? 당연히 읽어달라고 할 때까지 읽어줘야죠. 그거 길어야 1년 반입니다. 잠 안 자고 읽어달라는 아이 칭찬 퍼부어줘도 시원찮을 판에… 이러다 엄마의 무심함에 시들해진 아이 일찍 일찍 자 버리면 그때 또 질문하실 거죠? 우리 애 왜 이러냐고…

Q. 거실에 TV도 없애고 책장으로 도배했는데도 책의 바다에 빠지진 않네요. 여섯 살, 다섯 살 유난히 사이좋은 남매라 우르르 몰려다니며 놀기만 하

는데 어떡하죠?

A. 아이고~ 부러워라. 애들끼리 둘이서 놀아주니 얼마나 좋아~ 애들은 원 없이 놀아야 책도 본다고 그리 말했건만… TV 치우고 책으로 도배하자마자 책의 바다가 오리라 기대하시다니… 참 맹랑맹랑하십니다. 기다리세요.
책육아 환경과 엄마의 따스한 시선과 배려, 그리고 수시로 책 읽는 엄마가 옆에 있다면 애들은 결국 둘이 함께 놀다 책에도 빠져듭니다.

Q. 애 둘 다 어린이집 보내는데도 힘들다는 말을 입에 달고 사는 엄맘니다. 큰 애 여섯 살인데 아직 한글도 모르고 이제부터 정말 노력 한번 해봐야 겠어요. 그리고 책 살 때마다 고민 오만 년, 검색 오만 년, 그러다 지쳐 못 사고… 이러다가 정말 시간만 가고 남는 건 없겠죠?

A. 네. 그럴꺼면 차라리 동네 엄마들 따라 네슐리 가세요.

Q. 책장은 점점 늘어나는데 신랑 눈치가 조금 보이네요. 당당한 책육아 펼치고 싶어요.

A. 펼치세요. 확! 엄마가 책을 읽고 내공을 쌓지 못해 괜히 눈치가 보이는 겁니다. 그리고 저렴한 책으로 가계 빵꾸 내지 않고 있다면 책장이 하나둘 늘어난다고 눈치 보이지 않습니다. 제대로 하고 계신 거 맞습니까? 옹라인, 프라인, 몽라인 타신 거 아닙니까?

Q. 아들이 요즘 광고 전단지 읽는 재미에 빠졌어요. 자주 보는 글자들은 외운 듯도 하고… 이렇게 해도 읽기 독립이 될까요?

A. 잘하고 계십니다. 미친 듯이 읽어준 책이 바탕이 되었기에 길거리 전단지, 스티커에도 관심을 가지는 겁니다. 노출이죠. 하은이도 과자 봉지, 간판, 주의 표시로 한글 뗴고 자동차 번호판, 번지수로 숫자 뗐다고 해도 과언이 아닙니다. 책과 함께 이루어지는 생활 속 노출이 최곱니다. 뭔가 거한 것을 해주려 하지 말고 널널한 시간 속에서 애랑 삽질하며 다니세요. 밤에 책 읽어주고. 그럼 땡입니다.

영어책육아 Q&A

Q. 만 14개월 딸이 있는데요. 영어 DVD는 언제부터 노출하는 게 좋을까요? DVD 보여주기 전에 엄마가 영어책 먼저 읽어주는 게 순서인가요?

A. 당근빠따입니다. 두 돌 전까진 DVD 틀어줄 생각 하지도 마십쇼! 책과 아이가 완벽한 친구가 됐을 때 그 이후에 틀어주세요. 14개월이면 책에 빠져들기 미치도록 좋은 시깁니다. 질문하실 시간에 읽어주시고 놀아주시면 참 좋을 텐데 말입니다.

Q. 저희 아이는 느리고 쉬운 DVD는 잘 안 보고 요즘 〈디즈니〉와 〈포켓몬스터〉에 빠져서 영어 버전으로 보여줍니다. 아이는 무척 좋아하는데 계속 이렇게 빠른 속도로 보여주고 들려줘도 괜찮은지 걱정이 됩니다.

A. 당장 〈디즈니〉, 〈포켓몬스터〉 티 나지 않게 중단시키시고 영어책 읽어주세요. DVD는 간식이고 밥은 영어책이라 하지 않았습니까? 말 참~ 안 들으십니다. 책 빠진 영어는 결국 망합니다. 자극적인 만화를 먼저 접해버리면 쉽고 재미있게 영어 귀를 뚫어줄 영어교육용 DVD 절대 안 봅니다. 애가 좋아한다고 무작정

틀어주는 건 마치 소녀시대가 치킨 먹고 싶다고 생방 전날 치킨 시켜주는 것과 매한가집니다.

Q. 제 아이는 쿡에 저장되어 있는 〈까이유〉를 좀 틀으라치면 "엄마 한글이요"를 외쳐댑니다. 틀어줘도 될까요?

A. 쿡 끊으세요. DVD로 사서 영어 소리로 틀어주세요. 케이블 방송으로 영어책육아 절대 성공 못 합니다. 광고 보고 장난감만 열나게 사주게 될 겁니다.

Q. 아이가 요즘 DVD에 빠져 책 읽는데 시들합니다. 가뜩이나 책은 밤에만 읽으려고 하고 읽기 독립도 쉽지 않고요. 어떡해야 하나요?

A. 책육아가 일상이 된 아이가 꽂힌 DVD에 잠시 빠진 거라면 걱정 마시고 애 옆에서 꾸준히 책 읽으며 분위기 만드시면 됩니다. 그게 아니라면 엄마가 게을러져 DVD에 과하게 의지한 겁니다. 귀신은 압니다. 가슴에 손 얹고 반성하세요. 열심히 환경 만들고 정성을 다해 놀아주고 책 읽어주세요.

Q. 영어 집중 듣기 할 때 모르는 단어는 미리 안 알려줘도 정말 괜찮은가요? 하은이처럼 다독하는 애들은 여기저기서 중복해서 보면서 스스로 깨우치겠지만 늦게 시작한 애들은 모르는 단어가 섞여 있으면 이해가 안 되고 재미도 없을 것 같아서요.

A. 그건 님 생각이시고요. 애들은 상관없어합니다. 알려줄 필요 없습니다. 알려주고 찾게 하면 우리 꼴 납니다. 일단 집중 듣기는 일찍 시작했든 늦게 시작했든 픽처북 500권 이상, 리더스북 500권 이상 읽어주고, 읽게 하고 나서 시키는 겁니다. 아이가 여덟 살이라고 시키면 망합니다. 애 집 나가는 것 보고 싶으면 욕심껏 시키세요.

Q. 집중 듣기나 읽기 시킬 때 영어책은 얼마나 반복해줘야 하는 건가요? 한 번 봤다고 넘어갈 순 없잖아요.

A. 없긴 왜 없습니까! 한 번이라도 봐주는 게 어딥니까? 난 고마워 죽겠든데… 지가 나중에 할 거 없어 슬쩍슬쩍 반복하고 재미난 부분 찾아 읽는 걸로 그 영어책은 할 도리 다하는 겁니다. 집중 듣기한 책 다음날 다시 듣고 읽으라고 해보세요. 대박 짱나합니다. 간신히 시작한 집중 듣기로 인해 아이는 영어와 영원히 굿바이할 겁니다.

Q. 첫째 딸이 한글책만 읽고 영어책은 거들떠보지도 않네요. 제가 재미없게 읽어서 그런 건가요?

A. 네. 맞습니다. 한글책도 동화 구연을 하고 지랄을 해야 친숙해지는데 감히 영어책 앞에서 논설위원질 하셨다니요. 처음부터 "와~ 너무너무 재밌는 영어책이다!"라며 환장하길 기대하셨다면

경기도 오산입니다. 무식하게 열심히 읽어주다 보면 결국 빠집니다.

Q. 픽처북은 몇 살까지 읽히다가 리더스로 넘어가는 거예요?

A. 몇 살은 의미 없고 엄마의 노력하에 달렸습니다. 재미있는 픽처북을 엄마와 함께 실컷 읽다 보면 엄마의 육감으로 '이젠 슬슬 리더스북으로 넘어가 영어책 스스로 읽는 재미를 느끼게 해도 좋겠다'라는 느낌이 딱! 옵니다. 읽어주기 쉽다고 한 줄짜리 리더스북부터 바로 들어가는 애들은 "우와~ 영어책이 이렇게 재밌는 거였어!" 하는 느낌은 평생 갖기 힘듭니다. 영어가 지겨운 공부고 학습이 돼버리는 거죠. 망하는 지름길입니다.

Q. 애들이 DVD에 빠져 두세 시간씩 멍때리고 있는데 중독될 것 같아서 불안해요.

A. 책육아가 정상적으로 진행 중이라면 중독 안 됩니다. 헌데 그 불안함의 근원이 뭔 줄 아십니까? 엄마가 뭔가 켕기는 게 있다는 거죠. 책도 잘 안 읽어주고 눈 맞춤 잘 안 하고 있으니 불안한 겁니다. 놀 때 적극적으로 놀아주고 책 가져올 때 총알처럼 읽어주세요. 안 그럼 진짜 영어 노출용 DVD로 인해 미디어 중독자가 돼서 〈금쪽상담소〉에 출현하게 될 겁니다.

육아 Q&A

Q. 다섯 살된 아이 집에 데리고 있으려니까 주변에선 유치원 빨리 보내서 사회성 키워야 한다고 난린데, 유치원 언제까지 안 보내도 될까요?

A. 아예 안 보내도 됩니다. 쌩까세요. 어린이집, 유치원은 공교육이 아닌 사교육입니다. 애맡길 데 없는 직장맘을 대신해 '보육'해주는 곳이지 필수 교육 과정 아닙니다. 진정한 사회성은 '엄마와의 긴밀한 애착'입니다. 엄마랑 너무 일찍 떨어져 버려서 요즘 아이들이 그렇게 관계 자체를 힘들어 하게 되는 겁니다.

Q. 일 확~ 그만두고 집에서 책육아 제대로 해보고 싶은 맘 수천 번씩 드는 직장맘입니다. 직장맘은 전업맘을 부러워하고, 전업맘은 직장맘 부러워하고… 자기에게 주어진 역할에 감사히 생각해야겠죠?

A. 혼자 묻고 혼자 답하고… 우리 엄만 줄 알았습니다. 직장이든 집이든 도피처가 돼서는 절대 안 됩니다. 애 잘 보는 전업맘은 직장맘이 되도 잘합니다. 자기 처지 비관하고 부러워만 하는 전업맘, 직장맘은 처지가 바뀌어도 개죽 씁니다. 제가 잘한 거 하

나가 전업맘이었을 때에도 죽어라 열심히 산 겁니다. 지금 제가 님 입장이라면 뒤도 안 돌아보고 그만둡니다. 연봉이 6천이어도…

Q. 시어머니가 요즘 저 볼 때마다 아이 책을 왜 이렇게 많이 사냐고 그러세요. 전 어떻게 해야 하는 걸까요?

A. "어머님 자식처럼 만들지 않으려고 그럽니다."
자. 지금 거울을 보며 연습하세요.

Q. 울 신랑은 책육아에 적극 찬성이고 잘 도와주는데 그놈의 장난감 사주기를 끊지 못하네요. 어쩌죠?

A. 방 따로 내주고 문 걸어 잠그고 혼자 가지고 놀라 그러세요. 장난감에 내적 불행이 있어서 그렇게 푸는 겁니다. 짠한 놈… 밥 차려주고 머리 수시로 쓰다듬어주시며 한마디만 해줘요.
"너 또 장난감 사들고 들어오면 죽는다!"

Q. 책상에 얌전히 앉아 엄마표 놀이하는 엄마표 놀이 블로거들… 그게 가능한가요? 제 딸은 해볼라치면 아주 난리가 나는데요ㅠㅠ

A. 그니까 개뻥~구라 사기 조직단이죠. 내가 해봐서 압니다. 하은이는 물감 놀이 펴놓으면 붓만 빨아 먹었고, 한글 카드 놀이하면 카드에 낀 클립 콧구녕에 쑤셔 넣었습니다. 여섯 가지 색깔

찰흙 30초 만에 똥색덩어리 만들기의 귀재였구요. 엄마의 과시를 위한 연출인지 진정 내 아이를 위한 건 지 엄마는 항상 되물어야 합니다. 중요한 게 뭔지.

Q. 아이가 잠을 심하게 안 잡니다. 주변에서 수면 교육을 해야 한다는데 정말 해야 할까요?

A. 아뇨. 애는 안아서 재우는 겁니다. 누워서 토닥거려 잠드는 애들은 프랑스, 미국 애들입니다. 우리 애들은 몇천 년 동안 애미가 업고 안고 젖 물리고 배 위에서 재워 와서 토닥이면 토하며 웁니다. 토닥여서 잠드는 애 엄마는 천운인거고 죽어라 안 자는 애들은 그냥 내 팔잠 거예요. 팔 떨어져서 죽진 않습니다.

Q. 아이가 혼자 잘 노는 편인데 냅둬도 되는지 아님 그래도 놀아줘야 하는지요. 혼자 놀게 놔두면 저는 편하지만 미안하고, 막상 놀아주자니 쌓여 있는 집안일이 너무 많아 고민입니다.

A. 집안일 핑계로 '잠깐만~' 남발하다 보면 애는 결국 포기하고 혼자 놀게 됩니다. 엄마를 포기하는 거죠. 아이가 엄마를 원할 때와 원치 않을 때를 바로 알아차리는 엄마는 아이가 혼자 놀아도 절대 켕기지 않습니다. 군대 육아 3년 동안 '엄마'할 건지 '식모'할 건지 선택하세요. 양손에 떡 쥐고 다 못 먹습니다. 참고로 돼지우리에서 애 키워봤는데 더 건강하게 잘 컸습니다.

Q. 이유식 먹다가 자꾸 장난치느라 "우웩, 우웩" 하면서 장난스럽게 뱉거나 음식에 손가락을 넣어서 손 장난을 하는데 때려서라도 가르쳐야 하는 거겠죠?

A. 축하드립니다. '불행한 착한 아이로 키우기 배틀' 우승하셨습니다. 우리가 그렇게 "앉은 자리에서 착하게 손장난하지 말고 먹어라" 강요당해서 이 꼴 났는데 대물림 기가 막히게 되겠군요. 진정한 훈육은 13세 이후에 먹힙니다. 그리고 왜 애를 고칩니까? 그 자체로 정답이고 천잰데… 엄마가 지 편하려고 '훈육'하는 겁니다.

Q. 육아에 있어 자유와 통제 중 무엇이 우선일까요? 하은맘은 아이에게 절대로 하지 않았던 원칙이 있었나요?

A. 이렇게 어렵게 질문하면 못 알아먹습니다. 상담 센터 가서서 30만 원 내고 박사님 상담받으세요. 통밥으로 찍어 대답하자면, 전 어릴 때 '자기 몸을 해치는 위험한 행동' '남에게 해를 가하는 행동' 두 가지를 제외하고 다 허용했습니다. 근데 녀석은 만날 그 짓만 했습니다. 그래서 집이랑 동네만 둘이 다닌 겁니다. 실컷 해보도록…. 그게 잘 자라고 있는 아이의 자연스러운 행동입니다. 위험한 짓 해보고 남 찔러보고 때려보고 싶은 호기심. 그 마음은 공감해주고 행동은 따스하게 통제해주는 게 최고의 배려 육압입니다.

개정판 에필로그

스물한 살이 된 너에게…

며칠 전 엄마랑 너랑 꼼장어에 쏘주 한잔 마시러 갔던 날, 이런저런 얘기 나누다가 얼굴 벌게진 내가 물었지.

나: 너 다시 태어나도 엄마 딸로 태어나고 싶어?
너: 닥치고 술이나 마셔.
나: 아앙아앙~ 말해줘엉~
너: 영업용? 아님 리얼?
나: 리얼.
너: 빡셌지만 재미는 있었어. 한 번 정도는 김선미 딸로 다시 태어날 의향 있어.

나: 꺅~ 〉〈 여사님~ 여기 참이슬 한 병 더요!

이 정도면 완전 성공한 인생 아니냐?
나의 밑바닥까지 전부 다 알고 있는 내 살갗과도 같은 타인이
나랑 한 번쯤은 더 살아봐도 좋겠다는데…
난 사실 오만오천 번을 다시 태어나도 너랑 살고 싶어.
하은아.
무서워도 할 수 없어. 받아들여.
난 네가 넘 좋거든.
날 너무 사랑해주니까.
이런 이기적이고 못돼 처먹은 엄마
세상에 또 없을 거 알아. 나도.
내가 너에게 지난 스무 해 동안 했던 온갖 잔혹하고
추악한 짓들을 나열하자면 팔만대장경 찜 쪄먹을 텐데도
넌 날 용서해줬잖아.
맥없이 깨지고 찢어졌던 핸드폰, 태블릿, 노트북, 문제집,
노트들… 아…
마치 밤새 엄마를 패고, 밟고,
닥치는 대로 던져 부서뜨렸던 집 안 가구들을
아침 내내 고치던 내 아버지의
치가 떨리게 혐오스럽던 모습보다,

더하면 더했지 뭐 하나 나은 것 없던 나의 모습에
엄마가 얼마나 괴롭고 죄스럽고 죽고 싶었는지 너는 아니…
알겠지… 아니까 그 작고 작은 아가가
고사리 같은 손과 작디작은 몸둥이로
토독토독 뛰듯 걸어와 울고 있던 엄마를 안아주고
토닥여줬겠지…
그런 천사 엄마-미친년-사과 편지-천사-미친-사과…
악마가 쳐놓은 저주와도 같은 수레바퀴 속에서 너를 키워놓고도
너랑 다시 살고 싶다니…
못된 년이다 나, 진짜…

게다가 내가 살면서 정말 무서워하던 일이 벌어졌잖아.
다 큰 내 딸이 입을 열었고,
사람들이 차마 알지 못하는 하은맘 육아의 숨겨진 잔혹사를
세상에 낱낱이 고발해버릴까 두려워했던 날이 도래했고,
책육아로 다져진 문장력과 신랄한 표현력으로
이 애미의 졸렬하기 그지없는 흑역사를 묘사할 수 있음에도
불구하고 세상에 선한 영향을 끼칠 공부법 책을 낸
무려~ 작가가 되어버린 너. 헐~!
시험 기간 중 시간과 사투를 벌여가며 힘겹게 원고를 쓰고,
탈고 후 마지막 교정을 보던 날.

엄마 얘기가 쏘옥~ 빠진 원고를 마주하고

가슴 한 켠을 쓸어내리면서 묻던 내게

네가 그랬었지.

"엄마 얘기 구려. 요즘 애들은 그런 얘기에 안 움직여.

애들 공부하게 만들어야지. 세련되게 매만져서.

그래서 싹~ 뺐어"

아 뉘… -_-;;

고마우면서도 서운한 오묘한 감정을 못내 추스르며,

책이 연신 승승장구하는 모습을 보던 내 맘이 얼마나 묘했게?

자랑스럽다는 마음보다는 굉장히 신기하고 놀라웠다고 할까.

양육의 최종 정착지는 결국 '독립', '분리'라는 걸

오만 책과 강연에서 수없이 듣고 또 들었음에도

10대 중후반 사춘기 내내 '어제의 하은이'를 매일 떠나보내는

매섭고 힘든 작업을 꾸준히 해서인지

이제는 조금은 낯선 '오늘의 하은이'가

제법 익숙해지고 있어.

매번 노력은 해야 하지만.

내가 받았어야 마땅한 원천적인 사랑을 대신해준

나의 '후천적 엄마'인 하은아.

상처로 칠갑을 한 나의 어두운 내면을 거울처럼 비춰주며

나의 상처 가득한 감정의 하수구 역할을 하느라
무척이나 버겁고 힘들었음에도, 너무나 밝고 빛나서
도리어 엄마의 질투마저 뒤집어써야 했던 여리고 말간 영혼.

미안해 하은아.
그리고 고마워 하은아.
다 큰 여자의 투정과 발작을 뚫고서
빛나는 존재로 여전히 해맑게 존재해줘서…
그리고 넌 원치 않았음에도 세상에 알려져
〈트루먼 쇼〉의 트루먼처럼 사람들 시선에 휩싸여 있는 채로
학창 시절을 보내고, 입시를 치르며 홀로 감당해야 했던
그 무겁디무거운 어깨의 짐을 엄마가 같이 지어주지 못해서…
새벽마다 잠 깨려고 이어폰 꽂고
"엄마 나 단지 한 바퀴 돌고 올게"
매서운 바람결에 나가는 널 보내고 현관문 앞에 주저앉아
내가 얼마나 많이 울었는지 넌 모르지…
굳이 이런 짐을 왜 이 어린아이에게 지게 한 건지…
하…
여튼…
내 곁에 이렇게 예쁘게
존재해줘서 고맙다 아가.

나에겐 아직도 아기 같은 너.
꼬부랑 할머니가 되도 난 네 보드라운 뺨과 머릿결을 쓰다듬으며 뇌까릴 거야.
"사랑해 아가. 엄마 딸로 태어나줘서 고마워…"

에필로그

대차게 잘 자라준 내 딸,
하은이에게

내가 살면서 정말 무서운 한 가지가 있어.
내 딸이 커서 입을 열면 어떡하지? '이제는 말할 수 있다!'라는
제목으로 신문에 기고라도 하면 난…
사람들이 차마 알지 못하는 하은맘 육아의 숨겨진 잔혹사를
네가 세상에 낱낱이 고발해버리면 난 그날로 끝장날 낀데…
책육아로 다져진 너의 문장력과 신랄한 표현력으로 얼마나
디테일하게 이 애미의 후진 흑역사를 들춰내겠니~
으~~ 생각만 해도 온몸이 가닥가닥 분리되는 느낌이야.
제발 그간의 엄마가 너에게 준 수백 통의 영국편지들과
무릎 꿇고 사죄했던 수많은 밤들을 성상 참작해주는

너그러움을 발휘해주렴.

얼마 전에 너랑 둘이 홍대에 가서 좌판에서 핀도 고르고
팔찌도 고르고, 학교 수련회 장기자랑 때 입을
까만 레깅스도 고르고, 때마침 열린 북페스티벌도
실컷 구경하고, 다리가 절단나도록 걸어 다녔는데
이상하게 하나도 힘들지 않은 거야.
평상시 엄마 같았으면 "워메~ 나 죽네~! 힘들어 사망하겠네~!"
열나게 씨불거리며 수퍼 아줌마처럼 길거리에 철푸덕~
주저앉았을 텐데 그렇지가 않은 거야.

봄에 홍콩 여행 갔을 때도 너의 미친 체력에 맞추어 노느라
다크서클이 골반까지 내려오는데도 그만 놀자는 말을
못하겠더라구.

네가 이렇게 엄마한테

매달릴 시간도 그리 길지 않을 거라는…

그런 인정하고 싶진 않지만,

알 수 없는 야리~한 느낌에…

얼마 전 야심 차게 주문한 수영복을 입어보고 터지려고 그래서

얼른 벗어서 너 줬더니 딱 맞아. 개이뻐.

넌 좋아 죽는데 난 슬퍼 죽어.

그리고 작년 여름에 네 친구들

네 명이랑 롯데월드 놀러 갔던 날.

어른 한 명 없이, 너희끼리만…

준비할 때부터

가슴이 터질 것 같다고 발랑~거리고,

아침 8시부터 밤 11시 폐장할 때까지

놀고도 데리러 간 엄마한테 실컷 못 놀았다고…

너무 너~~무 재밌었다고 피 토하면서 재잘거리던 너.

놀이기구 5번 연속 타고도 낼 또 가고 싶다던 너…

쫌 그랬어…

마냥 나 없이는 아무것도 못하는

까꿍 꼬맹이로 영원할 줄 알았거든.

엄만… 정말루…

나 없이 롯데월드라니…

생각해본 적도 없었어. 빙신같이…

너도 나에게서 떨어져 나간다는 걸,

머리로 아는 거랑

몸으로 받아들이는 거랑은 하늘과 땅 차이더라.

까꿍이 시절 내내 내 모가지에 대롱대롱 매달리던 그때,

제발 좀 떨어지라고~! 방 걸레질 할 때마다

좀비처럼 매달리지 좀 말라고! 제발 좀 귀찮아 죽겠다고~!

피곤과 삶의 스트레스가 쌓일 대로 쌓인 어떤 날은

성질 이빠이 내며 널 아프게 한 적도 많았는데…

나는 그게 싫었던 게 아니었단다.

너무너무 기분 좋았어. 아가…

누군가 내게 그리 하염없이 매달리고, 사랑을 갈구하고,

쏟아주는 게 난 너무 좋았단다. 행복했구.

다만 그 시절이 영원히 계속될 것만 같아

그 귀함을 몰랐었던 것뿐이야.

롯데월드 가던 그날. 마냥 설레여 하며 친구한테 달려가던

네 뒷모습을 보면서 가지 말라고, 엄마랑 놀자고, 엄마 이젠 시간

많다고 널 잡고 싶다는 생각을 하는 날 보며 느꼈어.

내가 매달렸었던 거구나.
너에게… 네가 아니라…

그랬던 거구나. 네가 내 옆에
있어줘서 내가 견뎠던 거구나.
그 힘든 시기들을… 죽을 것만
같던 그 나락의 끝에서…
끊임없이 대롱대롱 매달리고,
안아 달라 두 팔 벌려 애원하고,
같은 책 들고 와 무한 반복으로 밤새 읽어 달라고 조르고,
놀아 달라, 일로 와라, 절로 와라 부르던 네가…
엄마를 살렸던 거구나. 그랬구나…
아니면 미쳤겠지. 모든 걸 놔버렸거나…
롯데월드로 널 보내놓고 집에서 무한 갑절 생각의 시간을
보내고 난 후 엄마는 혼자만의 이별식을 치렀단다.
'내 인생의 귀하디귀한 손님인 널 언젠가는 떠나보낼
준비를 해야지' 하면서 말이야.
가슴속에선 뜨거운 눈물이 마구 흐르지만, 그 흘러가는 시간을
강제로라도 잡고 싶지만,

꽃이 피면… 언젠가는 줄기에서 떨어져 나가듯…
삶의 고단함으로 모질게 할퀴고 퍼붓던 애미를 용서해주고
온전히 품어줘서 고마워. 하은아.

엄마가 제정신 차릴 때까지 기다려줘서 고맙고…

너 때문에 힘들었던 게 아니었단다.

네가 매달려서 괴로웠던 게 아니었어.

매달려줘서 고마워.

내가 널 안은 게 아니라

네가 날 안아줘서 고마워.

그리고 지금처럼 마음껏 살아.

엄마가 너의 가장 든든한 X언니가 되어줄게.

엄마 꿈이 하나 있는데 들어볼래?

나중에 너한테 이런 전화 받는 거야.

"엄마 잘 지내지? 엄마처럼 살았더니 무지 행복하네~

나 이번에 ○○ 책 읽고 뻑가서 또 뭐 하나 시작해보려고~

낼 비행기 탄다. 엄마는 또 요즘 뭐에 꽂히셨나~?

어째 노인네가 가만히 있질 않으셔~^^

엄마가 내 엄마여서 참 좋았어~

고마워. 사랑해.

잘 지내. 엄마~"

마흔 살 된 네가 일흔한 살 된
나에게…

하은맘의 편지

애 때문에 어제도
새벽에 잠든 너희들에게

힘들지? 애 키우는 거… 왜 사나 싶지?

몸도 지칠 대로 지치지만 그 새벽을 달릴 때의 허한 가슴.

광활한 모래사막에 나 혼자 뚝 떨어져 헤매고 있는 듯한 외로움.

등 뒤엔 여리디여린 까꿍이가 필사적으로 업혀 있고

아무도 도와주지 않지.

올곳이 나 혼자서 헤쳐나가야 하는 그 쓸쓸함.

온 우주에 애랑 나, 단둘이 깨어 있는 새벽녘의 스산함이란…

내가 지금 뭘 하고 있는 건지… 멘붕, 몸붕…

하염없이 졸리고 가라앉고 내가 좀비인가 사람인가?

헌데 그 죽어도 끝날 것 같지 않던 무한 반복, 진상 작렬, 단순 노무

육아 시즌이 이렇게 빨리 지나가 버릴 줄은 정말 몰랐어.

아이 옆에 있어줘. 조금만 더…

24시간 엄마 냄새 맡을 수 있는 거리에 있어줘.

엄마가 손 뻗으면 닿을 수 있는 곳에…

"엄마~ 졸려~" 눈 비비면 "그랬어? 우리 아가~" 하면서

따스한 품과 등 아낌없이 바로 내줘야 하거든. 꼭…

죽어도 만 세 돌까진. 늦게 알았다면 지금부터 꼬박 3년.

그래서 '군대 육아'인거야.

너희들이 지금 그 숭고한 작업을 하고 있는 거란다.

지금의 하은이를 만든 결정적인 '뜨거운 그 시기'를

보내고 있는 거라구.

그 좀비 시즌, 나도 훅~ 뛰어넘게 하고 싶은데 방법이 없네.

견뎌야 해. 온몸으로…

반드시…

누가 대신해줄 수 없는 시간…

책 읽어주다 졸고 앉았으면 엄마 눈 손가락으로 찢으면서

"엄마 눈 떠~ 눈뜨고 책 읽어 줘어~~~~!"

낮에는 뭐 들 힘들간~? 자기나 낮잠 실컷 자고 일어났지

애미는 밀린 집안일에 산더미 같은 빨래에 설거지에

쉬지도 못했는데 "놀아줘~! 일루와 봐~! 밖에 나가~!

업어~! 안아~! 그네 밀어~! 시소 앉아~!!!"

쉣쉣쉣쉐레레쉣쉣~~!!!!!
그래도 해주래. 해줘야 한대. 그래야 한대.
근데 난 그 진상 짓거리 못하고 자랐단 말이야~
해보지도 못한 거 받아주려니까 나도 죽겠다구~
없는 너그러움에, 받아보지 못한 사랑에,
있는 힘을 다해 해주고 있는 게 이 정도야.
너무 힘든데… 아무도 안 도와주고… 엉엉엉~~
세상이 싫었고, 내 어깨가 너무 무거웠고, 지치고 힘들었어.
남들은 다들 잘하는 것 같은데 나만 못하는 것 같아서 녀석에게
너무 미안했구…
내가 아이를 망치면 어떡하지?
1년 열두 달, 하루 24시간을 따라다닌 '불안감'…
아이가 예뻐도 마냥 예뻐만 하고 있으면 안 되는 것 같고
뭐라도 해야만 한다는 '조바심'…
헌데 그 무의미한 감정들이 애미의 가슴을 얼마나 할퀴고
망가트리는지 너무나 잘 아는 나이기에 그대로 있을 수가 없었어.
얘들아. 절대 자책하지 마. 받아보질 못해서 그런 거야.
'온전한 공감'이라는 게 뭔지 몸으로 느껴보질 못해서.
우리 탓이 아니야. 많이 힘들었지? 아팠지?
그러기에 우리 더 미친 듯이 책 읽으며 성장하자.
그래야 애가 살아. 엄마도 살고…

육아라는 게,

그 과정 자체로 성장이고,

눈부신 깨달음의 과정이거든.

엄마와 아이가 진정 행복해질 수 있는…

그 시간 그리 길지도 않아.

내가 지금 무얼 위해 살고 있는지,

내가 하고 있는 이 육아라는 작업이 내 인생에

어떤 의미가 있는지 잠든 내 아이 얼굴 쓰다듬으며 되뇌어 보렴.

눈물이 흐를 거야. 이 아이가 그래서 나에게 온 거로구나…

진정한 행복이 뭔지 나에게 가르쳐주려고…

이 지구에 내 아이와 나, 남편만 살고 있다고 생각하자.

아무와도 비교하지 말고 내 아이만 바라보는 거야.

내 아이의 그 눈빛이 뭘 말하는지

가슴으로 느껴질 수 있도록…

서두르지 않아도 돼. 조급해할 필요도 없어.

너희들은 이미 훌륭한 엄마거든.

내적 불행의 대물림 끊어내려 몸부림치듯

내 아이 부둥켜안고 사랑 주고 있잖니~

받아본 적 없는 사랑, 내 아이에게 처음 배운 사랑…

불행의 대물림, 착한 아이의 대물림,

몇 대를 내려온 상처의 대물림…

끊어내려 애쓰는 너희들이 얼마나 대견한지…
반드시 내 대에서 끊어내리라 이 악물고 견디며 써 내려간
눈물 젖은 영국편지 한 장, 한 장에 담긴 그 사랑과 애씀…
고스란히 아이의 마음에 스며들었을 거야.
그 눈물이 뿌리가 되고 양분이 돼서
지금의 하은이가 되었듯이…
아이 스스로 뻗어 가는 그 가지가 얼마나 튼튼한지,
그 꽃이 얼마나 향기로운지 느껴보렴.
예쁘지? 사랑스럽지? 너희만큼… 이리 와.

더 이상 가면 써가며 '어른 놀이'에 빠진 내가 아니라
비로소 '진정한 어른'이 된 언니가 안아줄게.
애썼다. 고생했다. 너무 예쁜 너희들…
그리고 어린 선미야…
사랑해. 고마워. 축복해…

지랄발랄 하은맘의
닥치고 군대육아

1판 1쇄 인쇄 2022년 12월 21일
1판 1쇄 발행 2023년 1월 4일

지은이 김선미

발행인 양원석
편집장 차선화
디자인 남미현, 김미선
영업마케팅 윤우성, 박소정, 정다은, 백승원

펴낸 곳 ㈜알에이치코리아
주소 서울시 금천구 가산디지털2로 53, 20층 (가산동, 한라시그마밸리)
편집문의 02-6443-8861 **도서문의** 02-6443-8800
홈페이지 http://rhk.co.kr
등록 2004년 1월 15일 제2-3726호

ISBN 978-89-255-7720-3 (13370)

※ 이 책은 ㈜알에이치코리아가 저작권자와의 계약에 따라 발행한 것이므로
   본사의 서면 허락 없이는 어떠한 형태나 수단으로도 이 책의 내용을 이용하지 못합니다.
※ 잘못된 책은 구입하신 서점에서 바꾸어 드립니다.
※ 책값은 뒤표지에 있습니다.
※ 이 책은 2014년 출간된 《닥치고 군대 육아》의 개정판입니다.